聪明女人的口才艺术魅力与修养

夏沫◎编著

煤炭工业出版社

·北 京·

图书在版编目（CIP）数据

聪明女人的口才艺术与魅力修养／夏沫编著．－－北
京：煤炭工业出版社，2014（2016.11重印）
ISBN 978－7－5020－4622－4

Ⅰ.①聪… Ⅱ.①夏… Ⅲ.①女性—口才学—通俗读物
②女性—修养—通俗读物 Ⅳ.①H019－49②B825－49

中国版本图书馆 CIP 数据核字（2014）第206278号

煤炭工业出版社 出版
（北京市朝阳区芍药居35号 100029）
网址：www.cciph.com.cn
香河县宏润印刷有限公司 印刷
新华书店北京发行所 发行
＊
开本 880mm×1230mm¹/₃₂ 印张8
字数 159 千字
2014年12月第1版 2016年11月第2次印刷
社内编号7477 定价29.80元

前 言
preface

　　有人说："一个人的眼睛是他的现在，而嘴巴才是他的未来。"毋庸置疑，一个人的口才影响着他的生活和未来。而对于一个女人来说，她所面临的社会环境、职场环境和生活环境需要她比男人具备更高的聪明才智，尤其是那些都市里的白领女性。仅仅做一个在家相夫教子的贤妻良母，早已落后于时代的潮流。一个成功的女性，不仅要在家里取得成功，还要在办公室里获得成功，在人际关系中获得成功。无疑，这就对现代女性提出了更高的要求，其中尤为重要的就是：口才！

　　但遗憾的是，意识到这一点的女性还不多，更多的女性朋友认为，良好的口才仅仅是一种点缀，美丽的外表和过硬的职业技能才是最重要的。但这种观念却是错误的！事实上，口才既是女性的另一张脸，同时也是职业生涯中重要的一项素质，绝对不可忽略！现代社会愈来愈重视人与人之间的沟通和交流，凭什么沟通——凭的就是嘴巴；凭什么交流——凭的就是口才！对于职业女性，在办公室里要和上司、下属、同事、客户交流，在家里要和丈夫、子女、父母、公婆以及邻居交流，而这一切都需要口才。缺乏良好口才的女性，不但和上司、下属、同事、客户的关系搞不好，而且还会影响家庭和睦，使自己和亲人之间的关系日渐淡薄，为以后生活埋下隐患！这样的女性，无论如何算不上是聪明的女人。

当然，好口才并非天生，而是需要经过长时间有意识的训练才能拥有。我们说，会说话的女人最聪明理由就在于此，因为她们知道会说话能赢得爱，会说话能赢得好人缘，会说话能使自己魅力倍增、会说话能拥有温馨的幸福港湾，并且她知道为达到这样的目标去刻意修炼自己的说话水平，谁会怀疑这样的女人不是一个聪明女人呢？

本书就是专为此一目的所编写的，书中所选取的例证典型、集中、贴近生活，趣味性强、易学、易掌握，相信广大女性朋友手头有这样一本书，在面对各式各样的人时，都能应对自如，处变不惊，让你成为一个会说话的女人。

目 录
contents

第三章　会说话的女人容易成事

第四章　会说话的女人成功机会多

第五章　会说话的女人魅力无限

第八章　会说话的女人家庭温馨幸福

第九章　会说话的女人靠智慧赢得他人心

第一章
会说话真的很重要

　　女人区别于男人的重要特点之一：如果女人能说一口漂亮话，更让自己增添魅力，更惹人注意。因此，一个女人可以长得不漂亮，但话一定要说得漂亮，无论什么时候，女人优雅的谈吐不凡的口才，都可以保证让自己活得足够的潇洒，赢得别人的喜爱。

嘴甜很容易让人"爱屋及乌"

在生活中什么样的女性受欢迎？哪些女性人见人爱？是漂亮的还是性感风情的？

这些都不是，而是那些言谈中闪烁着智慧光芒的女性。这些女性或许面容很平凡，但她们甜甜的话语，很容易让人们爱屋及乌。

美国人类行为科学研究者汤姆士指出："会说话是成名的捷径。它能使人显赫，令人鹤立鸡群。能言善辩的人，往往使人尊敬，受人爱戴，得人拥护。它使一个人的才学充分拓展，熠熠生辉，事半功倍，业绩卓著。"他甚至断言："发生在成功人物身上的奇迹，一半是由口才创造的。"

女性要想在生活、职场中赢得青睐，好口才必不可少。好口才，是精彩的语言表达，这样就能够引起别人的兴趣，吸引他们的注意力，并自然地聚集到你的周围。

美国女记者芭芭拉·华特奉命采访美国航空业界巨头亚里士多德·奥纳西斯，但是他一直都在与同行们热烈讨论货运价格、航线、新的空运构想等问题，芭芭拉始终插不上一句话。再这样下去，芭芭拉的采访任务就不能完成了。一上午就这样过去了，芭芭拉始终没有机会提出一个问题。在共进午餐时，芭芭拉灵机一动，趁大家谈论业务的短暂间隙，赶紧高声提问："奥纳西斯先生，您不仅在海运方面，甚至在其他工业方面都取得了伟大的成就，这是令人震惊的。请问您当初的志向就是航空业吗？能讲讲您公司创办之初的事情吗？"这个话题拨动了奥纳西斯的心弦，使他撇开其他人，同芭芭拉单独谈起来。可以想象，整个下午的时间就被芭芭拉争取到了。她不仅顺利地完成了自己的采访任务，还现场分享了成功人士的人生经历和宝贵经验。

无疑，这位女记者善于运用语言的艺术。她先是很得体地赞美了对方在海运及工业方面取得的伟大成就，使对方的荣誉感和自豪感得到了很大的满足，而后又抛出了很容易亲近别人的"私密问题"，繁忙的成功者正好借机回顾自己或辛酸或温暖的早期奋斗生涯。

所以，女人要注重自己的口才，锤炼自己的语言能力，力争做个舌绽莲花的女人吧，谈吐自如，妙语连珠，在谈笑风生中尽显自己的风采和魅力。这与每个女性的出身、成长环境和阅历没有多大关系。这个世界上没有不会说话的女人，只有不愿意"修炼"口才的女人。会说话，将令女人一天比一天生活得更自信、更精彩。

那么，女人又怎样修炼自己的口才呢？你可以多阅读些关于口才的书籍，当然也要锻炼自己在人多的场合下"卖弄"的胆量，把每一次与别人说话都当成演讲和辩论吧。多学习，多积累素材，多鼓励自己，多与人分享，你的说话水平将会提高，这样好口才会将你带入一个崭新的世界。

想招人喜欢，离不开嘴上"功夫"

每个人都有希望自己能够得到别人赞美和表扬的心理需求，一句由衷的赞美，会让对方感觉到你对他的重视，无形中增加彼此间的友谊。赞美别人，你付出的只是语言，而得到的回报却是帮助和更深的友谊。

赞美是一种行之有效的交往技巧，它能够有效地拉近人与人之间的心理距离，使人们交到更多的朋友。

王敏是一家鞋店的导购，她很善于运用赞美拉近自己和顾客之间的关系，并因此和很多顾客成为了朋友。

一次，一个女孩来到王敏的鞋店，女孩看中了一双橙色的凉鞋，质地细腻，鞋跟也不高，她兴冲冲地拿下来试穿一下，感觉十分舒服，于是又低下身子去试穿王敏拿出的另一双鞋，就在弯腰瞬间，女孩脖子上戴的小熊链子亮晶晶地从衣服里滑了出来，蹲在女孩面前的王敏笑着说道："你的小熊链子真漂亮！"说完，眼睛里还流露出真诚的喜悦，那是一个女孩对一件精致饰品不加掩饰的喜欢。女孩看着王敏，内心也是一片欢喜，因为自己得到了真诚的赞美，她觉得之前单纯的买卖关系忽然就淡了下去，她一改往日要多逛几家店的习惯，很高兴地买下了王敏推荐的这双鞋。从那以后，女孩经常介绍自己的朋友到王敏的店里买鞋，王敏和她成了很好的朋友。

赞美是尊重他人的表现，心理学家研究表明：每个人都会不同程度地把自己看做"中心"，都特别关注自己，内心都希望引起别人的注意。因此，女人学会真诚地赞美别人，会使自己的人际关系和谐、工作顺利、生活愉快、事业有成。

女人通过赞美可以扩大自己的朋友圈。当然，赞美不是花言巧语、奉承谄媚，首先要根据对方的文化修养、个性脾气、心理需求、所处背景、角色关系乃至职业特点等不同因素，恰如其分地赞美或表扬他人。

其次，女人赞美他人时要看其个性性格。对方性格外向，透明度高，女人可以多赞美他，他会很自然地接受；如果对方比较内向、敏感、严肃，过多地赞美，会使其认为赞美者很轻浮、浅薄。

第三，每个人的需求不同，女人要迎合对方的需求讲赞美的话。一个不喜欢淑女型、个性鲜明、男孩子气十足的女子，如果女人夸她长发披肩、长裙摇曳，定会婀娜多姿、美丽迷人，她不但不会感激你，还有可能认为你多管闲事。如果女人了解她的心理，夸她的短发看起来既精神又有活力，她一定会更开心。

第四，要注意对方的年龄。对于女人不宜打听对方的年龄，如有必要打听对方的年龄，对不同年龄层的人要采取不同问法。

对小孩子，女人可以直接问："今年几岁了？"对老年人则要说："今年高寿？"对年龄相近的异性不可直接问年龄，要试探着说："你好像没我大？"对年纪稍大的女性，年龄更是个"雷区"，问得不好就会招致对方的反感。例如，面对一个40岁的中年女子，你问道："快50了吧？"她一定会气愤不已。反之，如果你这样问："30出头了吧？"对方一定会心花怒放，笑逐颜开。

适度的自嘲反而会赢得喝彩

一个人的才气很高名声很大，会让人觉得高不可攀。由此，如果你在适当的时候，在众人面前，表现出适度的自嘲反而会赢得众人的喝彩。也就是说，你拿自己的缺点开个玩笑或者出现个意外的失误，会使你更受欢迎。

著名主持人杨澜，在其担任《正大综艺》节目主持人时，曾被邀请为某市的一次大型文艺晚会担任主持人。出人意料的是，在晚会进行到中途时，杨澜在下台阶时不小心摔了下来。在这种大型场合出现如此情况，确实令人尴尬。但杨澜非常沉着地爬了起来，凭着她主持人特有的口才，对台下的观众说："马有失蹄，人有失足。而我今天来个狮子滚绣球，滚得还不错吧？看来这次演出的台阶不是那么好下哩！但台上的节目会很精彩的，不信，你们瞧他们。"杨澜这段自我解嘲式的即兴话语非常成功，不但使自己摆脱了难堪，更显示出了她非凡的口才。她话音刚落，全场就立刻爆发出热烈的掌声。

从心理学角度来看，自嘲是一种幽默的生活态度，是聪明人的智慧火花；自嘲，是幽默的最高境界。自嘲也是高尚人格和自信的体现，它表现的是自嘲者的低姿态以及良好的修养。自嘲实际上是当事人采取的一种貌似消极、实为积极的促使交谈向好的方向转化的一种手段，所以，自嘲者敢于拿自己"开涮"，而不伤害任何人。可以说，它既是一种幽默的说话方式，也是一种幽默的生活态度和心理调节方式，能增加生活的乐趣，能解除尴尬，能拉近人与人之间的距离，它是一种人生智慧。

一般来说，没有人愿意成为大家取笑的对象。人们都有一种潜意识里的优越感，在幽默者适度的自嘲中，人们感受到的是自己心里那隐约的优越感。因此，不用担心自嘲会让人知道你的短处，引来鄙夷的目光。他们会为你的勇敢和风趣而折腰，因为你不怕暴露自己，所以他们就会在心中对你解除防范，把你当成自己的朋友。

不过，自嘲虽然好处不少，但凡事不可过度，适度地自嘲可以缓和紧张的气氛，化解尴尬的场面，赢得他人的好感，但如果刻意自嘲或频繁使用，就会给人以一种对自己的不尊重之感。而一个不尊重自己的人，自然也得不到他人的尊重。

同时也要注意，自嘲不是自贬，特别是不能对大家公认的优点自我贬低，这样不但是在否定自己，也是在变相地否定他人的判断，这会让对方感到尴尬。因此，女人在自嘲时应把握好以下几点：

1. 自嘲要适度

自嘲仅仅是一种辅助性的表达手段，不可乱用，要避免引起别人的误解或伤害他人。

2. 自嘲所表现的意义一定要积极

应给人一种启发性，避免给人留下没有道德、耍小聪明和嘴皮子的印象。那样，只会让大家觉得你浅薄无聊，"一点正经也没有"。

3. 自嘲要看好场合

在比较正式的场合，比如面试、开研讨会等场合尽量不要使用自嘲的方式，而应直白且诚恳地发表自己的观点。

4. 自嘲态度要慎重，目的要明确

不要遇到什么事情都用自嘲来解脱，比如消愁、逃避、讥讽，本着这样的心态来自嘲，那么最终只会使自己消沉下去。

说出的是"礼貌语"，收获的是人们的青睐

女人一般都是用优雅、温柔这样的词语来形容的，一个说话彬彬有礼，举手投足都非常优雅的女性，会吸引许多人的眼球。所以，说话彬彬有礼，是一个优雅成功女性应该具备的要素之一。比如，微笑说"谢谢"，诚恳说"对不起"，温柔使用敬语，先"礼"后发言，说话礼貌，这样的女人更有品位。

可见，礼貌是与人共处的金钥匙。礼貌是一种态度，直接体现了一个人的修养。礼貌就是一个人的名片，说话有礼貌的女人总是受人欢迎。礼貌，看似小事，却直接影响着你的形象，以及别人对你的态度。

首先，我们来说"谢谢"这个词语。如此普通，有些人觉得不起眼，不够重视。殊不知，中国几千个方块汉字中，拼合在一起，最能立刻赢得对方好感的就是"谢谢"。人际交往中，这两个字无疑具有更大的魔力。作为职场女人，多说"谢谢"，更显示你的涵养。

李美性格内向，很不擅长交际。所以，踏上了社会，她很担心自己不能适应。在工作单位，她很少主动和别人打招

呼，总是淡淡地笑着。可是，她却很受欢迎，慢慢地就有一些同事跟她成了朋友。为什么呢？大家都说："李美很真诚。"这其中的秘诀就是李美的那一声"谢谢"。

李美是个容易害羞的女孩子。刚参加工作时，她连怎么复印都不懂。在复印室，她刚好看到一位男同事在复印，她战战兢兢地站在男同事旁边，等着他复印完。然后，她红着脸说："我不知道怎么操作复印机，你能不能教一下我呢。"男同事本来还有其他事，李美的诚恳请求，还有害羞的脸蛋，让他没有理由不答应。复印完毕后，李美甜甜地说："我也学会复印了，真是太谢谢了！"

一次部门会议上，经理鼓励大家踊跃发言。同事们你一言我一语，会议室顿时炸开了锅，经理皱起了眉头。这时候，李美却意外地鼓起勇气，大声说："我想说一下我的想法，希望经理给我一个机会，谢谢！"会议室顿时安静下来，大家都饶有兴趣地看着这个说"谢谢"的女孩子。李美清晰地说出了自己的想法，经理非常满意。同事们也喜欢上了这个有些腼腆，但十分有礼貌的女孩子。

李美的"谢谢"跟很多人的不同。有很多人把这两个字当成口头语，嘴上说谢却显得很不诚恳。李美在说谢谢时，看着对方，脸上带着感激的微笑。这样的"谢谢"才显得诚恳、有分量，让对方感觉自己确实帮助过她，而且忍不住被她的"谢谢"所感动，想跟她做朋友。有些人说谢谢纯粹是应付，只是一个劲握住别人的手说"谢谢"，对方都不知道他到底在谢什么。而李美却不一样，她在说谢谢时又说得很具体，说："你帮我解决了这个问题，真是太谢谢了。"在说完谢谢之后，李美还会说："谢谢你帮助我，我虽然什么都不懂，但是如果你需要我帮忙，我一定会尽力的。"哪个同事不被这样的话感动呢！可以说在李美口里说出的"谢谢"就是会说话的恰当表现。

可见，纵使你性格再内向，在遇到别人帮助时，都不要沉默，而要把谢谢说出口。生活中，我们经常会听到这种抱怨："我并不介意帮她，只要她每次能说声'谢谢'我就满意了。"或者"我为她做了那么多，她连声'谢谢'都不会说。"这样的职场女性，慢慢会失去大家的帮助。这就要求有些女人，性格再大大咧咧，也不要轻视"谢谢"两个字。不要说这两个字太假，只要你诚恳地说出口，对方定会感受到你的诚意，而与你做朋友。

其次，说"对不起"。这个词语用来表达歉意，做错了事或冒犯了别人，要主动说"对不起"，而且要诚恳，让对方感受到你的歉意。一个勇于承认自己错误的女人，总是能够获得对方的谅解，是朋友的仍然是朋友，不是朋友的也会为你的坦诚所感动而认可你。

另外，"请"这个字也要经常使用。礼貌用语中，这个字非常关键。有些女人说话粗声粗气，或尖酸刻薄，或大大咧咧，总是把"请"字给丢掉了，让对方感觉这个女人很没有礼貌。

　　周丽第一天到公司报道，这是她梦寐以求的公司，终于经过两轮激烈的竞争获得了这个职位，她心里默默地下决心，一定好好干。这天上午，天下着蒙蒙细雨，周丽来到公司门口发现自己的鞋子都是泥，她皱着眉头，顺嘴就蹦出一句："他妈的这鬼天气！"声音虽然不高，却被旁边一位男士听到了，男士微微皱了一下眉。

　　周丽把鞋子擦干净，赶紧上电梯。正好，与那位男士又碰上了，周丽看到对方按的是18楼，便主动与对方搭话说："我也到18楼——你在那上班吧？你知道林成在哪个办公室吗？"对方说："我认识。"周丽说："那正好，你带我去找他吧！"对方微微一笑，没有说话。

　　到了18楼，对方快步向公司走去，周丽赶紧喊："喂，你这人怎么回事，不是说好要带我去找林成吗？"对方回头说："你让我帮忙，难道连句客气话都不会说吗？"周丽楞了一下。觉得自己确实很不礼貌，不过她可不想跟这个小心眼的男人道歉，她说："不就是找你帮个忙吗？真是麻烦！"周丽在前台小姐的帮助下，来到了销售部经理林成的办公室门前，在门口她一下楞了，原来林成就是那个电梯里遇到的男人。

　　经理虽然没有为难周丽，但是周丽心里七上八下的。在吃午饭时，她听同事说，林经理的礼仪观特别强，尤其是对女士。周丽想起自己在他面前说粗话，又不礼貌，这下子她再也别想跟林经理搞好关系了。

可见文雅、礼貌的语言对于一个女人来说有多么的重要，特别是做为一个职场女性，要想得到领导和同事的认可更是不可或缺。因此，要切记：千万不要说粗话，那与整洁的办公室不配，与你身上优雅严肃的职业装也不搭。

撒娇的话让爱人百听不厌

撒娇的话，就是女人魅力的演绎。相信没有哪一个男人不喜欢自己爱的女人对他撒娇。在男人心中，撒娇的女人温柔、矫憨、可爱、娇媚，让人珍爱有加。

撒娇，是小孩和女人的天性。但也不是每个小孩或女人都会撒娇。小孩即使不撒娇，也会让人觉得很令人疼爱，惹人怜惜，是天性的可爱。女人就不同了，如果不撒娇，会让人觉得不够可爱，不够妩媚，缺少女人味。所以，不会撒娇的女人是很遗憾的。

撒娇是女人与生俱来的本领，恋爱中的女人，更是把娇撒得出神入化，她可以随时随地对她爱的那个人使出"杀手锏"。

在一辆公交车上，天气有点闷。临座的女孩子撅着嘴巴说："怎么这么热啊，热死我了。"她的男友便连忙拿出纸巾来给她擦汗，又用杂志轻轻替她扇风。女孩子甜美地微笑，连眼睛都是闪亮的。那男孩子也对着她笑了，想必心里更加喜欢。

这样的场景即使在旁边看着他们的人，心里也是暖暖的。所以，女人是要学会撒娇的。

有位名人曾说过：不会撒娇的女人是不会做女人的女人。女人的撒娇，就像正餐后的一道水果布丁，甜蜜可人，让男人流连不已。

看电影、电视、小说，那里面的窈窕淑女、大家闺秀大都会娇声嗲气，或薄怨微嗔，或嘤咛作态，或泪眼含愁……女人这种撒娇不但不讨人嫌，有时反倒更有女人味。

其实，男人们都希望自己的女友、妻子偶尔表现一下那种淘气的、无助的、纤弱的撒娇。撒娇的女人读懂了男人，常用这四两拨千斤的绝技，搅得气壮如牛的男子汉们无可奈何又意乱情迷。所以有人说，每个幸福男人的背后，都有一个会撒娇的女人！男人的要求，其实很简单。当男人在外奔波工作了一天，回家最想看到的就是妻子温馨甜蜜的温柔和关心。只要你能满足他的这种需求，为他营造一个温暖的氛围，那么他一定会爱死你，你也一定会成为世界上最幸福的女人。

"你累了吧，来，我帮你敲敲背！"

"我做得菜好吃吗？"

"我帮你把洗澡水放好了，一会儿洗个热水澡解解乏。"

"老公，你总是在外面吃饭，怎么也不回家陪我，我一个人好没意思哦！"

"老公我一个人在家好孤单啊，你快回来陪我啊！"……

女人这样一撒娇，保证男人们吃不消了，想在外面吃饭的则赶紧回家陪娇妻，如果实在不行的话也会早点赶回来的！

撒娇，有时就是爱的代名词。没有哪一个男人不喜欢自己爱的女人对他撒娇。有了撒娇为你的爱情保驾护航，你就只管做个幸福的小女人吧！

男人生气了，你撒娇地抱他一下，保证他不会动粗了。在他口出粗言时，吻一下他的嘴巴，碰到这样的女人，男人除了笑笑，还能拿你怎么样？

撒娇是女性的天性，所以希望每一个女人不要忘记上帝赋予的"武器"，要利用好这个"武器"来润滑和爱人之间的关系，让爱情升温。

当然，撒娇需要智慧，更需要把握"火候"。从不撒娇的女人，失去了女人特有的娇柔，成了男人眼中的"男人婆"；而随时随地对谁都娇滴滴的女人，未免太轻浮，令人反感。

所以，撒娇一样需要计谋和技巧。不是撅起嘴，把声音变细，做点弱智的表情和肢体动作就算是撒娇了。撒娇同样也是一种气质，不是胡乱做作一番就可以征服男人的。至少不要为了一件衣服，在商场柜台前，当着营业员小姐对男友撒娇；至少不要为了一个苹果，在公婆家里，当着丈夫的父母撒娇。

另外，需要说明的是，夫妻中的撒娇，就不能有功利心，工于心计，否则会功亏一篑。要记住，对于相爱的人来说，真心和自然才是最重要的。

所以，只要学会撒娇，幸福其实也简单。女人们，试着去撒娇吧。这是让你更招人爱的不二法门。

做一个富有幽默感的女人

有人曾作过这样一项调查，以《红楼梦》中十二钗中谁是最理想的婚姻对象这一问题，采访了不同阶层的几十位未婚男士。

调查结果出乎人们的意料，林黛玉、薛宝钗并不是他们的首选，相反，出场不多，且有点吐字不清的"傻丫头"史湘云却大受追捧。问及原因，他们认为林黛玉太过尖酸刻薄，而且整日病恹恹，让人爱不起来；薛宝钗太过世故，很难忍受她整日在耳边唠叨"仕途功名"；王熙凤势利狠毒，而且比男人还能干，也不适合做老婆；尤三姐虽是女中豪杰，但个性太过刚烈，也会让人吃不消；至于惜春、尤二姐之辈，又太过软弱，毫无主见；而史湘云却没有她们或尖酸或世故或狠毒或刚烈或软弱的缺点，她开朗活泼，既能豪爽

地和宝玉开玩笑，又有醉卧芍药花下的优雅。即使偶尔使一
下小性子也总是很快就能释然，和她在一起会十分开心又有
情趣。这其中，史湘云天生的幽默气质为她提高了不少的人
气。可见，幽默对于女人来说可以出奇制胜，甚至可以化腐
朽为神奇。

但在爱情中，女人有时候似乎很难做到幽默。因为时刻
保持矜持才是淑女的作风，淑女是从来不会和男朋友插科打
诨的。而对于男友的幽默，她也只能淡淡地笑，笑得太大声
会有伤大雅。这样的女人走进婚姻后，她们的激情会被每日
的柴米油盐渐渐磨光，幽默对于她们来说就是更难得有的心
态了。

所以，女人要记住，在爱情的精神世界里，幽默是一种
丰富的养料，它可以让你的爱情之花开得更加绚烂多姿。

当然，女人的幽默不同于男人，它更多地来自于女人对
生活的独特体验和理解，是一种点点滴滴中的智慧释放。一
个懂得幽默的女人，一定充满智慧，而且也必定是善解人意
的。她们懂得运用自己的方式化解难堪和苦恼，微笑是她们
常用的"武器"；她们懂得生活，懂得运用智慧增添自己的
魅力。

刘香是一个各方面都很普通的女孩子，但她的男友李军
却是个很优秀的小伙子，他自己经营一家电子公司。在他们
的婚礼上，朋友问他为什么会爱上平淡的刘香，李军没有直
接回答，而是给大家讲了两件事："发生第一件事情时，我

们还不认识。当时刘香是一家小型进出口公司经理的秘书，最主要的工作就是担任接待员，兼有应付访客电话和一些日常性的杂务。因一点业务上的关系，一次，我打电话找公司经理，是刘香接的电话，我说：'请找一下你的老板说话。'

"'我可以告诉他是谁来的电话吗？'

"'快给我接你的老板，我马上要和他说话。'因为事情很急，当时我语气有些急。

"'很抱歉。我们总经理似乎有点傻，他花钱雇我来接电话，可是十个电话中却有九个是找他的。'

"听了这话，我在电话里笑了，然后我把自己的姓名和单位告诉了她。同时，刘香的幽默也给我留下了深刻的印象，那时候我就在想，如果有机会一定要认识一下这位接电话的女孩。

"第二件事情，发生在我们交往的时候。

"一次约会时，在一家幽静的咖啡馆里我们消磨了一个下午的时光。这期间，我们周围来来往往好多帅哥美女，我难免不盯着辣妹美女看一会儿，但刘香却没像一般女孩子那样吃醋、发脾气，反而很幽默地评价我，'你的品位怎么变差了？'有时候她还会和我一起对美女行'注目礼'，然后心悦诚服地说：'确实是位美女，真让我大饱眼福呀！'她的幽默不仅化解了有些略显尴尬的气氛，而且还让我下定了决心要和她共度一生。能和这样幽默的女孩子一起生活，日子一定会充满快乐。"

　　幽默是一种积极的人生态度，它总是让生活充满了快乐、温暖、爱和希望。著名作家王蒙说："幽默是一种酸、甜、苦、咸、辣混合的味道。它的味道似乎没有痛苦和狂欢强烈，但应该比痛苦和狂欢还耐嚼。"所以说有幽默，生活会更有味道。

　　幽默对于女人来说是一种风度，一种优雅，一种大家风范，一种灵魂的修炼，一种自我的美化，一种高层次的人生品味。拥有它，就会拥有一份生命的潇洒与美丽。

　　一个幽默的女人，也一定是个热爱生活的女人，她会用笑声去感受生活，去化解爱情、事业和生活道路上的一切问题；她身上会散发出一种淡淡的从容，这样的女人，必然自信优雅，也必然会得到男人的青睐。因为没人会愿意和一个整日愁眉苦脸、忧心忡忡的女人谈恋爱或者生活。

　　女性朋友们，学会幽默吧，那样你的生活才能富于情趣，才会充满温情、欢悦和幸福。

第二章
会说话的女人能更好地与人相处

　　有人说：世界上再没有什么比令人心悦诚服的说话能力更能接近人的内心了。在现代，人们生活的全部内容除了自己对被自己所驾驭的工具发出指令外，应该说剩下的就是在处理各种人际关系。对一个女人来说获取人际关系成功的最重要的资本就是练就能够让人心悦诚服的谈话水平。

与人交流不谈论令人反感的话题

现实中颇有人缘的女人，在与别人聊天或者碰面搭话时，总会巧妙地顺着别人擅长或者感兴趣的话题去谈论，这样不仅打开了话题，而且会使聊天进行得很畅快。也会让别人心里感到很受用，听起来比较舒服，同时，也会赢得别人的友谊。

文女士是一家上市保险公司的业务员，一次，她去拜访一位客户：某公司的刘经理。见面之后，文女士先对自己公司的险种做了大体说明，使刘经理有所了解。但是，刘经理在听的过程中却哈欠连连。

就在这时，文女士发现刘经理背后的书橱里放着许多关于《论语》方面的书，并且办公桌的案头也有一本《论语》。于是文女士眼前一亮，找到了突破口。文女士说："刘经理是不是对中国的古典文化感兴趣，尤其是《论语》，您应该有高妙的见解吧？"

本来昏昏欲睡的刘经理听到文女士谈到《论语》，一下又有了精神，说："嗯，我对《论语》非常感兴趣，对于某些教授讲的《论语》有的地方是赞同的，有的地方也是有保留意见的。"

文女士顺势说："其实，我也看过'百家讲坛'讲的《论语》，但是我研究不多，如果有时间还希望刘经理您能不吝赐教。"

刘经理马上就有了兴致，和文女士讨论开来。而且，在讨论的过程中，两个人谈得非常投机，保单也顺利地签了，文女士和刘经理也成了朋友。

所谓的会说话就是善于顺着对方的意愿去问话或答话，会说话的女人很会在与人的交流中得到对方的认可、让对方感到信赖，好感也随之而来。但是你不可能对每一个人都足够了解，能够迎合每个人的兴趣，那么该怎么做呢？

平时多注意观察、多听、多看，这样你才能掌握对方的兴趣所在，为谈话打下良好的基础。生活中，每个人都有自己引以为荣的东西，聊这些话题，对方肯定会非常兴奋，让彼此的距离感自然一下子接近不少。

此外谈别人擅长或感兴趣的话，并不是无原则地乱谈一通，而要以基础的谈话原则为标准，如：老年人都喜欢怀旧，回忆过去那段美好的时光。中年男人一般都是事业有成者，因此应该多谈及他的事业，无疑是最佳的选择。对于年轻的小伙子，则应该谈谈未来，谈谈美好的憧憬。对于年轻女孩，可以多讲讲对方的美容心经，这个时候的女人最关心的不过是这些而已。

接触对方内心思想的妙方就是和对方谈论他最感兴趣的

事情，这样往往能把彼此的那层"隔阂"捅破。心理学家卡耐基也告诉人们，如果想要交朋友并成为受人欢迎的说话高手，就要用热情和生机去应对别人。

在社交场合中，有很多女性只想让别人注意自己，对自己感兴趣，所以聊的话题大多围绕着自己，这样只会让别人没有说话的余地，那样你将永远不会有许多真挚而诚恳的朋友。毕竟，对别人漠不关心的人，别人也不会注意到她。

美国总统西奥多·罗斯福，是一个知识渊博的人。哥马利尔记者普经在采访他后在报道中写道："无论是一名牛仔或骑兵、纽约政客或外交官，罗斯福都知道该对他说什么话。"那么，他是怎么办到的呢？很简单，每当有人来访的前一天晚上，罗斯福都翻读这位客人特别感兴趣的话题，这样就在翌日与对方的谈话中产生共鸣。

每个人的一生中都在寻找一种感觉，这种感觉叫做什么呢？叫做重要感，而切入点是找到感觉最佳方式。因此，在与别人沟通的时候，如果你能抓住这种重要感，找到切入点，你就会成为谈话的赢家。人人都喜欢谈论自己，让自己成为别人注意的焦点。所以，如果你愿意抽出时间来关心对方感兴趣的话题，那么你一定会成为一个非常受欢迎的人。

一句甜言蜜语胜过千言万语

一句赞美的话就是一件无成本的礼物，不仅能给对方送去愉快，而且也使自己心情舒畅。

每个人都喜欢听好听、顺耳的话，特别是女人，她们听觉异常敏锐，爱听甜言蜜语。文学天才马克·吐温说过："只要一句赞美的话，我就可以充实地活上两个月。"可见喜欢听好话、受赞美是人的天性。

1960 年法国前总统戴高乐访问美国，尼克松为他举行家宴。这可把尼克松夫人忙坏了。她绞尽脑汁地想给戴高乐留下一个好印象，最后费了很多心思布置了一个美观的鲜花展台：在一张马蹄形的桌子中央，鲜艳夺目的热带鲜花衬托着一个精致的喷泉。精明心细的戴高乐将军一眼就看出这是女主人为了欢迎他而精心设计制作的，不禁脱口称赞道："夫人布置的喷泉真漂亮，让夫人费心了。"尼克松夫人听了，十分高兴。事后，她说："大多数来访的大人物要么没有注意到，要么不屑为此向女主人道谢，而戴高乐总统总是乐于表达自己的谢意。"在以后的政治岁月中，不论美法两国之间发生什么事，尼克松夫人始终对戴高乐将军保持着非常好的印象。

可见，一句简单的赞美他人的话，会带来多么好的效果。

在美国商界中，年薪最早超过 100 万美元的管理者叫查尔斯·斯科尔特。他 38 岁被安德鲁·卡内基选拔为新组建的美国钢铁公司的第一任总裁。他说："在如何制造钢铁方面，我手下的许多人都比我懂得多。但是，我有自己独特的能力，即：我有那些能够鼓舞员工的能力，这是我拥有的最大资产，而能够让一个人发挥出最大能力的方法就是鼓励和赞美。"

记住：只要是人，无不希望得到别人的赞美与重视，没有人会喜欢受到指责和批评。赞美能让人感到舒服和享受。它是一种精神上的支持和力量，让绝望失意的人重新鼓起勇气，克服困难，建立自信心。一句赞美的话胜过一杯美酒，不仅能给对方带来好运，而且可以使自己心情舒畅。

对领导进行赞美，领导会更加赏识与重用你；对同事进行赞美，能够联络感情，使彼此愉快地合作；对下属进行赞美，能赢得下属的忠诚，激发他们的工作积极性和创新精神；对商业伙伴进行赞美，能赢得更多的合作机会；赚得更多的利益；对男友或丈夫进行赞美，能使爱情更加甜蜜；对朋友进行赞美，能赢得崇高的友谊。

当然，赞美别人也要有技巧，有水平，讲时机，这样既得体恰当，又能让人信服。比如，你赞美一个英语水平达到八级的人，你说："你的英语水平太高了，比我刚上高中的弟弟强多了。他到现在发音还不准呢！"这无疑会让对方哭笑不得。如果对方的新衣服已经穿了两周了，你再夸奖，会让对方感到你赞美得很做作，还有种被忽视的感觉。另外，背后赞美别人，比当面赞美别人会收到更奇妙的效果。因为好话会借着风，一路传到当事人的耳朵里，当事人会觉得你是真心诚意赞美他的。这样你既博得了他的好感，也赢得了大家的信赖。

在《红楼梦》里有这样一段叙述：

宝玉一次与史湘云、薛宝钗生气。原因是两人劝他做官为宦，贾宝玉听到这话就头大，大为反感，嚷着对她们说："如果林妹妹也像你们说这些混账话，我就和她生分了。林妹妹在我面前从来没有说过这话！"

这时，黛玉凑巧来到窗外，无意中听见贾宝玉说了自己的好话，不觉又惊且喜，又悲且叹。原来宝玉一直引自己为知己，从此后两人感情大增。

如果宝玉当着黛玉的面这么说，小性子、爱猜疑的林黛玉可能会认为宝玉是在打趣她或想讨好她。所以背后多说人好话，是你与那个人关系融洽的最有效的方法。如果有人在背后说你是人才，是位很热心的人，相信你也会很高兴的。

赞美是一种气度，一种胸怀，一份理解，一份关怀，更是一种智慧。赞美让我们平凡的生活变得更美丽，更有滋味，所以，女人学会赞美别人相信别人都会非常愿意与你交流，并成为朋友。

善于赞美他人

赞美是一件即简单又会获得别人好感的美事，一句真诚而率直的赞美会让别人心存感激和回报。

赞美绝不是虚伪，一定要真诚。朋友把事情搞砸了，你却"不失时机"的赞美道：你做得真好，我还做不到那个样子呢。这个时候，你的朋友会有被赞美的感觉吗？

赞美是一件好事，但绝不是一件易事。赞美如果不审时度势，不掌握一定的赞美技巧，即使你是真诚的，下过功夫的，但也收不到好的效果。所以，在与人交往中需要运用赞美时是需要掌握一定技巧的。

1. 因人而异

人的素质有高有低，年龄有大有小。因人而异，突出个性，有针对性的赞美比一般的赞美能收到更好的效果。

比如老年人总希望别人记得他"当年"的雄风。所以和他们交谈的时候，可以多称赞他引为豪的过去；对年轻人不妨语气稍为夸张地赞扬他的创造才能和开拓精神，并举出几个例子证明他的确前途无量；对于经商的人，可以称赞他头脑灵活，生财有道；对于有地位的干部，可称赞他为国为民，廉洁清正；对于知识分子，可称赞他知识渊博、宁静淡泊……当然这一切要依据事实，不要夸之过火，让人起鸡皮瘩疙，反而产生反感。

2. 详实具体

在日常生活中，人们有非常显著成绩的时候并不多见。所以，交往中应从具体的事件入手，善于发现别人哪怕是微小的长处，并不失时机地予以赞美。赞美用语越具体，越说明你对他的了解，对他的长处越看重。让对方感到你的真挚、亲切和可信，你们之间的距离就会越来越近。如果你只是含糊其辞地赞美对方，说一些"你工作得非常出色"或者"你是一位卓越的领导"等空泛飘浮的话语，会让对方认为你是个溜须拍马、别有用心的人，产生不必要的信任危机。

3. 情真意切

要有发自内心的真情实感，这样的赞美才不会给人虚假和牵强的感觉。带有情感体验的赞美既能体现人际交往中的互动关系，又能表达出自己内心的美好感受，对方也能够感受到你对他真诚的关怀。虽然人都喜欢听赞美的话，但不是任何赞美都能使对方高兴。所以能引起对方好感的只能是那些基于事实、发自内心的赞美。相反，如果没有根据、虚情假意地赞美别人，不仅会让人感到莫名其妙，还会觉得你油嘴滑舌、诡诈虚伪。例如，当你见到一位相貌平平的先生，却偏要对他说："你真太帅了。"对方就会认为你说的是违心话。但如果从他的服饰、谈吐、举止等方面的出众之处真诚地赞美，他就会高兴地接受，并对你产生好感。

4. 合乎时宜

注意观察对方的状态是很重要的一个环节，如果对方恰逢情绪特别低落，或者有不顺心的事情，过分赞美往往让对方觉得不真实，所以一定要注重对方的感受。

赞美的效果在于相机行事、适可而止。比如当别人计划做一件有意义的事时，开头的赞扬能激励他下决心做出成绩，中间的赞扬有益于对方再接再厉，结尾的赞扬则可以肯定成绩，指出进一步的努力方向，从而达到"赞扬一个，激励一批"的效果。

5. 真诚的鼓励

最需要赞美的不是那些早已功成名就的人，而是那些因被埋没而产生自卑感或身处逆境的人。他们平时很难听到一声赞美的话语，一旦被人当众真诚地赞美，便有可能振作精神，大展宏图。

6. 对事不对人

赞美也绝不是阿谀奉承。如果你的赞美毫无根据，只是说："你真是太好啦"或者"我对你真是佩服的五体投地"之类的话，恐怕没有什么人会认为你真的是对他们充满了善意吧？所以，一定要赞美事情本身，不要"以人为本"，这样你的赞美才可以避免尴尬、混淆或者偏袒的情况发生。

另外，赞美并不一定总用一些固定的词语，见人就说好。有时候，可以借助于身体语言，比如投以赞许的目光、做一个夸奖的手势、送一个友好的微笑都能收到很好的效果。

与人交往有时需要说一些"违心话"

违心的话一定不是真话，但在与人交往的过程中，说一些违心的话，即善意的谎话，却是合适的，更易维系已有的友谊，比如：

朋友新烫了头，喜滋滋地来你面前转悠，她的爆炸式发型中甚至还夸张地漂染了几缕头发，你看了说自己心脏承受力有限，这不是在制造不愉快吗？

人们习惯上将谎言分为两种：恶意的谎言与善意的谎言。恶意的谎言是充满恶意欺骗、狡诈的谎言。这种谎言，我们不能说，还要坚决抵制、唾弃这样的谎言传播。善意的谎言是在不愿伤害对方的前提下，说的一些"假话"。要注意的是，在运用这一手段时，要注意尺度，不要违背行业的商业规则和个人的职业道德规范。善意的谎言多是没有虚伪成分的。比如：在上例中，我们不妨这样说："太漂亮了，这样的发型简直让你年轻了十岁。"这虽然是一句违心的话，但它在现实生活中有时能起到充当人际关系润滑剂的作用。

在人际交往中，类似这样违心的话是不可少的。比如：

1. 安慰性的违心话

例如，医生对患绝症病人的临终安慰、恋人之间的相互夸奖，这些都是善意的谎言。

2. 应急的谎言

人在职场是非多，有时候我们不想卷入派系的明争暗斗中，也不想惹事生非，最好的应对策略就是装傻，因为不管什么时候，装傻总是最不易犯错。比如别人向你打探什么事儿，涉及别人的隐私或者评判管理层，这时你都可以回答自己不知道，或者很多谣言到你这里就止步了，一笑了之就行了。毕竟学点真本事、积累足够的经验才是我们更应该关心的事。

3. 调侃的违心话

同事之间闲暇的时候，可以相互打趣、消遣对方，博得大家一乐就行了。因为谁都不会当真，这些调侃性质的谎言就是逗乐而已，让我们有一个欢乐的工作氛围不好吗？

4. 社交的谎言

在社交场合，通过善意的谎言实现交际目的，也是现代人必须的一项技能。林荫在社交中经常显露自己懂得很多。比如别人谈到《菊与刀》，她马上就会说自己对这本书也很有研究，然后就要求下次再详聊这本书。其实，她并没有看过这本书。这样回去后她就会恶补这本书，等下次见面的时候，就能现学现卖了。社交中类似林荫这样的人有很多。这种谎言其实并没有多丢人，或者多么不可饶恕。其目的是为了多结交朋友，多亮自己的闪光点，扩大自己的朋友圈。只要能自圆其说，能下得了台就行。

但是，说善意的谎言，还是要谨慎，万一听者为你贴上说谎话的标签，而不考虑你说话的动机，那就得不偿失了。

他们不知道你是为了成人之美，避人之嫌，宽人之心，利人之事。

最后，违心话应说的自然可信，任何造作和夸大其词，都会引起听者的怀疑和反感。使用频率也不要太高，更不能混合使用。否则，别人会认为你是个虚伪的女人，则事与愿违。

语言亲和友善最易拉近彼此的距离

与人交流，语言友善可以迅速与对方融洽起来，使之感到亲密无间的"磁力"，让对方一见如故。

某影视学院开学后不久，新来的学生们就对课程安排颇有微词，他们认为，他们学的是电影艺术，不该开设英语、语文、微机等基础课，并说，如果再上这些课，他们就考虑罢课甚至退学。为此学校专门召开了一次学生代表会。会议还没开始，有些学生就先大声提意见了，当魅力无限的女院长走上台说明会议的内容后，台下竟然有人吹起了口哨。但院长既没有表示不满，也没有说他们的想法如何错误，而是说："同学们，你们想早日成才的心情我很理解，换成我也会这样，恨不得明天就成为影星。不过，在课程是否做调整之前，我想先讲个笑话给大家听。

"古代《百喻经》里记载着这样一个故事：有一个富人看到另一个富人的房子是三层楼，心中好生羡慕，他有的是钱，便叫泥水匠来造同样的三层楼房。泥水匠开始打地基、砌砖，建造第一层。富人见了，忙来干涉：'你们这是造什么房子呀？'工匠回答说：'造三层楼房。'富人说：'我不想要下面的两层房子，只给我造最上一层吧！'"同学们听到这里忍不住哄堂大笑。院长问："你们大家笑什么？"有一个学生喊："这个富人太蠢了。"有人说："就跟达·芬奇让学生先画鸡蛋一样，干什么事不打好基础怎么行！"……"基础课该上的还上吧，只要突出专业课就行了……"不知不觉中，台上台下已在热烈地交流起来。

院长巧妙地借用一个故事，就很好地化解了学生们的不满，由此看来，解决某一种矛盾或分歧有很多方法，但最经济和有效的不外乎用真诚友善的语言。

语言友善可以迅速与对方融洽起来，使之感到亲密无间的"磁力"，让对方一见如故。它不仅可以拉近沟通双方的心理距离，消除距离感，还可以构建和谐的人际关系。具有良好的人际沟通和亲和能力是我们每个人都梦寐以求的，良好的人际亲和力给我们带来的种种好处不仅使我们获得更多的友情，感受到人与人之间的关爱与温暖，还使我们获得更多的人际资源，让我们获得意想不到的好前途和机会。

亲和力，词典里的解释是"两种以上的物质结合成化合物时互相作用的力"，从心理学的角度看，它是指"在人与人相处时所表现的亲近行为的动力水平和能力。"一个人亲和力的高低常常取决于他的性格特征，如有的人生来不爱笑，有的人从小不爱亲近人，有的人天性爱热闹，有的人具有丰富的幽默细胞等。但亲和力又与"亲和动机"密切相关，亲和动机强，其亲和力就高；亲和动机弱，亲和力就一定很低。亲和力很大程度上可以通过语言直观地展现出来。

每一位女性与男人一样每天都要与人打交道，无论是作为一名销售人员，还是作为一名科研工作者，还是一名行政管理人员，良好的人际沟通能力都是通向我们事业成功的桥梁。一个具有良好语言亲和能力的人在工作中会有很好的人缘，也容易得到同事的支持和鼓励。那么，我们应该如何增强自己语言的亲和力呢？

1. 主动攀谈

用热情的话语是增强亲和力的黏合剂。如果能主动地同对方攀谈，哪怕是一句得体的问候，几句关心的话语，都可迅速消除陌生感，造就融洽的气氛，从而达到亲和对方、顺利沟通的目的。

2. 坦诚相见

用真挚的话语增强亲和力，言谈不仅要热情平易，而且要真挚坦诚。古人云："精诚所致，金石为开。"这就是说，发自肺腑的真诚话语可以消雪化冰，感人至深。要想寻求深入有效的沟通，就要敢于敞开心扉说真话，该坦率、直露的地方，决不能含糊其辞。

3. 平等交流

这不仅表现为平时谈话时要谦和平等，做错了事要道歉、自责，而且还表现在遇到不懂的问题时既不要不懂装懂，又不"职"高气扬。

4. 深入浅出

同样的意思如果能用形象生动的语言表达出来，就会让人顺耳又顺心，既可让人感到亲近，又可给人以美的享受。

5. 亦庄亦谐

用幽默的话语增强亲和力，在严肃的语境、庄重的话题中，如果能适当地巧用一些轻盈幽默的话语代替严肃凝重的语言，就会产生非同一般的亲和效应。

以上只是谈了通过语言增强亲和力的几种常用方法，值得注意的是，不论采用哪一种方法，都必须以真、善、美为基础，即情真、意善、心灵美。否则，不仅不能增加亲和的力度，还会使听众与你离心，弄不好还要落个虚情假意、两面派的坏名声。

能与人说在一起，才能与人联系在一起

生活中，不管是与熟人还是与生人打交道，如果话不投机是无法继续交流的，而会说话的女人就有让人愿意听下去，并且成为朋友的本领。

有一位女作家接待了一位慕名前来拜访的客人，这位客人脱口而出："哦，你是一位作家，你都写过哪些小说啊？"作家一听这话，就知道对方对自己的职业并不了解，就算要和他谈话，也最好谈论和自己的职业无关的话题。

还有一位拜访者，他的第一句话是："哦，你是一位作家，你是写小说还是别的啊？"女作家一听就知道对方有点懂行，大多数作者见面互相打听的第一个问题多半就是问对方的创作领域。如此，这位作家产生了和这个问话者深入交谈的兴趣，她认为这位客人可能理解自己的职业。就算他们后来不一定讨论写作的问题，也很愿意和他交谈。

因此，与陌生人初次交谈能否顺利，关键在于能否找到自己与陌生人之间的共同点。从共同点入手，往往使谈话更加顺利、愉快。否则，便是四目相对、局促无言，不仅当时感觉尴尬，还会成为以后继续交往的障碍。

寻找共同点，首先要善于观察对方的服饰、谈吐、行为举止等方面，从中捕获信息。如果不能从对方的外在看出什么"蛛丝马迹"，不妨直接以话试探。可以主动询问对方的籍贯、工作、兴趣爱好，从而为两人以后的交谈打好基础。但是在交谈过程中，也应把握好一定的分寸，如若问了一些出格的话，那很可能会引起对方的不快，从而使交谈变得困难。

刘艳毕业后在一家规模较大的跨国公司上班。一天，在公司的大楼里，她遇到了一位来华游学的美国姑娘。出于礼貌，她先向对方打了一声招呼，而且她认为，作为东道主，如果不与这位姑娘热情地寒暄几句，显然是不懂礼节。于是，她操着一口流利的英语，大大方方地与姑娘聊了起来。

在交谈过程中，她询问姑娘说："你今年多大年龄了呢？"姑娘听到这一句话，显然有些不悦，反问"你看我多大？"刘艳一听似乎感觉有些不对劲，便转移了话题说："依你的年龄看，一定成家了吧！"结果，话题没有继续下去。姑娘冷冷地看了刘艳一眼，把脸背了过去，不愿与她继续交谈下去。直到姑娘离开，俩人也没有再说一句话。

刘艳与那位姑娘话不投机，主要是因为她在交谈过程中向对方提出了不恰当的问题，这个问题对女人而言纯属不宜向人打探的个人隐私。按照常规，对方是有权利拒绝回答的。

因此，在与人交谈的时候，我们应把握好以下分寸：

1. 不要议论别人的隐私

在与陌生人初次交谈时，提及自己和对方都很熟悉的第三者，这对缩短两人之间的距离是有利的。但是，此时千万不要谈论第三者的隐私，因为这会给对方留下不好的印象，会使其担心你背后也许会议论他的隐私，从而对你产生戒备心理。

2. 不要谈论道听途说的话题

如果人家说东，你就说东，人家说西，你也跟着说西。

这样会失去别人对你的信任，同时，也体现出你自己没有主见。

3. 不要学"王婆"，自卖自夸

一句自卖自夸的话，往往是一颗丑恶的种子，一旦从你口中播入他人的心田，便会滋长出令人生厌的幼芽。所以，和陌生人初次交谈时，应该保持谦逊的态度。

4. 不要啰唆

"一锅豆腐磨不完，啰哩啰唆招人烦。"如果你总是拿一件事情翻来覆去地说，会使人感觉乏味。一个词、一件事不管多么新鲜诱人，若出现过频，就会光彩尽失。

5. 在合适的时候告辞

在双方谈话进行得兴高采烈、生动活泼的时候，你提出告辞是比较适宜的。而且应选择自己讲完话时，这样做，既可以省时间，又可使对方的留恋之情油然而生，萌生出一种企求能再次见面的欲望。

让闲聊成为联络感情的纽带

日常生活中，人与人之间少不了闲聊，女人聊天是一种常用的套近乎方式。一般来讲，聊天是没有明确目标的，但是，跟不同行业、不同辈分的人聊天，往往会得到许多新的信息，甚至使我们触类旁通，使有些久思不得其解的问题一下子豁然开朗起来。

另外，聊天还有调节心理、愉悦情怀的奇特功效。如果你有什么事愁闷不快的话，通过和熟人的闲聊，就可以一吐胸中闷气，开释情怀，平衡心理。

聊天为相识的人沟通思想，加深对对方生活、兴趣和经验的了解提供了交流的机会，也为不相识的人提供了交际机会。总之，聊天能联结友谊，密切交往，协调关系。可以说，聊天是人际交往中不可缺少的沟通方式。

当然，闲聊并不仅仅是打发时间那般简单，女人们应该注意的一点是，闲聊并不是说"闲"话，而要把握好分寸。要避免口无遮拦，随意瞎说或将自己变成采编人员兼播音员，有事没事就竖起耳朵，四处打听，然后把听到的添油加醋地转播出去。这种做法是无助于联络感情的。

因此，在闲聊时应注意谈话技巧。

1. 与人闲聊时，要保侍微笑

笑容是善意的使者，交谈时，微笑是友好和接受的标志。许多人只注意不停地谈话，而不注意脸上无所谓或不友好的表情。这会影响谈话的效果。因此，在谈话时，我们应适当地展示笑容，从而使交谈更有效。

2. 与人的闲聊要表现出谦卑的姿态

可身体前倾向讲话者而不是往后仰。当然不要离得太近，侵犯他人的空间，身体在交谈时不时前倾，即表示你在专心听讲又很轻松愉快。

3. 与人闲聊要让声音柔和动听

说话的音调不能太低，也不能过高，更不要盲目地大喊大叫。

4. 听对方讲话要全神贯注

不能精神溜号，目光要对着对方，不能东张西望，否则会被认为你没有专心听对方说话。

5. 闲聊的内容要健康活泼

成功的谈话不仅要选对话题，而且还得针对场合和聊天对象，这也是谈话时要注意的礼节。

虽然闲谈不是行为的计划内容，但我们可以为这类即兴交谈做些准备。事先做好准备可以使谈话双方无拘无束，避免尴尬的沉默，尤其是第一次会面。准备谈资的方法很多，你可以每天读一种报纸，每月读几本杂志，也要注意观察周围发生的事情、天气情况和文化动态等，还要跟踪关注本行业的最新消息。

当然了，根据人们的经验之谈，有些话题应极力避免。因为它可能会伤害他人，或者使听众不感兴趣而成为独角戏。如此也就没有交谈效果了。比如以下的内容就不宜谈及：

单位的人事纠纷和涉及决策的积怨；个人的不幸；有争议的兴趣爱好；询问某人婚姻是否触礁；低级笑话；小道消息；争议性很大的问题；别人的不幸遭遇；谈论被解雇的朋友；有关私生活的细节。

总之，闲聊不是传"闲"话，闲聊是一种休闲方式，一定要达到休息，怡情和快乐的目的，使人与人之间增进了解和友谊，而不是做无聊的闲扯。

人人都喜欢听顺耳的话

在生活中，与人交往，如果说话一直不好听，那人们是不愿意与你相处的。

爱听赞美的话是人类的天性，人人都喜欢正面刺激，而不喜欢负面刺激。如果在人际交往中人人都乐于赞赏他人，善于夸奖他人的长处，那么，人际间的愉悦度将会大大增加。

社会上聚集着形形色色的性格观念迥异人，因而其社交方法也完全不同。聪明的女人谙熟其道，知道应当怎样与不同的人说不同的话。比如对商业人士，你最好不要夸赞对方的西服是名牌或"你的手表很贵重"之类的话，对方根本不引为然，或许你说"这颗纽扣太别致了"人家听了才欢喜，夸商业圈精英人士你要夸到某点别样与精致，对方才会欣赏你的独到。而对艺术圈的人你最好不要夸某某"气质太不一般了"或"你真与众不同"类，相反你如果尝试说一句"我感觉你的表述非常质朴"或"你的打扮很朴素"也许对方会眼睛一亮，认为你有品味。

人们大都了解"甜言蜜语"有多重要，但做起来却觉得困难重重。因为，"爱你在心，口难开"，不知如何表达，而且觉得肉麻，同时也怕被误会为"拍马屁"、谄媚。因此我们在与人交谈中需要注意以下几点：

1. 赞美要真诚

没有人不会被真心诚意的赞赏所触动。耶鲁大学著名教授威廉·莱昂·弗尔帕斯经历过这样一件事：有一年夏天又闷又热，他走进拥挤的列车餐车去吃午饭，在服务员递给他菜单的时候，他说："今天那些在炉子边烧菜的小伙子一定是够受的了。"那位服务员听了后吃惊地看着他说："先生，上这儿来的人不是抱怨这里的食物，便是指责这里的服务，要不就是因为车厢里闷热大发牢骚。到此为止，你是第一位对我们表示同情的人。"弗尔帕斯得出结论说："人们所需要的，仅仅是一点作为人所应享有的被关注。"

有一位女职员，因为办公室的人际关系紧张而苦恼。在办公室里，同事们都互不来往，各自忙着自己的事情，似乎相互都有戒心，很难知心交谈，气氛十分沉闷。她希望改变这种状况，但又不知从何做起。一位朋友告诉她：从现在开始，试着夸奖他人，真心赞赏他人的长处，如："你今天气色很好！""你的眼睛真亮！""这件裙子对你再适合不过了！"等等。不久以后，她发现，办公室的气氛完全变了样，大家相互帮助，彼此关心，在一起时有说有笑，下班后都不愿意回家，好像办公室有一种无形的吸引力。

2. 多夸对方的优点

有一位心理医生在银行排队取款时，看到前面有一位老太太满面愁苦，这位心理医生暗想，我要让她开朗起来。于是他一边排队一边寻找老太太的优点，终于他看到，老太太虽驼背弯腰，却长着一头漂亮的头发，于是当这位老太太办完事情走到心理医生面前时，心理医生衷心地赞道："您的头发真漂亮！"老太太一向以一头漂亮的头发而自豪，听到心理医生的赞美非常高兴，顿时面容开朗起来，挺了挺腰，道谢后哼着歌走开了。

可见，一句简单的赞美给别人带来了多大的好处。

3. 赞美别人希望被赞美的地方

要学会赞美，要是赞美过头，则受者不仅不舒服，反而会勃然变色，因此要找到别人最需要赞美的地方去赞美。

在社交上，缺乏诚心、刻板的客气话，必不能引起听者的好感。久仰大名，如雷贯耳……这些客气话是缺乏感情的，完全是公式化的恭维语，若从谈话的艺术观点来看，非加以改正不可。与其泛说久仰大名，如雷贯耳，毋宁说您上次主持的讨论会成绩之佳，真是出人意料等话，直接提及他得意的工作。若恭维别人生意兴隆，不如赞美他推销产品的努力，或赞美他的商业手腕；泛泛地请人指教一切是不行的，你应该择其所长，集中某点请他指教，如此他一定高兴得多。

再者，恭维赞美的话一定要切合实际，到别人家里，与其乱捧一场，不如赞美房子布置得别出心裁，或欣赏墙壁上的一张油画，或惊叹一个盆栽的精巧。若要讨主人喜欢，你要善于发现主人的兴趣所在，主人爱狗，你应该赞美他养的狗，主人养了许多金鱼，你应该谈那些鱼的美丽。赞美别人最近的工作成绩，最心爱的宠物，最费心血的设计，这比说上许多无谓的虚泛的客套话更为受人欢迎。

赞扬人是一种艺术，不但需要合适的方式加以表达，而且还要有洞察力和创造性。一位举止优雅的妇女对一位朋友说："你今天晚上的演讲太精彩了。我情不自禁地想，你当一个律师该会是多么出色。"这位朋友听了这意想不到的评语后，像小学生似的红了脸。正如安德烈·毛雷斯曾经说过的："当我谈论一名将军的功劳时，他并没有感谢我。但当一位女士提到他眼睛的光彩时，他却表露出无限的感激。"

总之，愿意听顺耳的话，喜欢听被赞扬的话，是人的天性，你如果这样说了，就会拉近与你交往的人的距离。

第三章
会说话的女人容易成事

俗话说：一句话可以成事，一句话可以败事。可见，好口才在办事中的作用是得到公认的。生活中，在多数情况下，我们求人办事，其实就是在说服人。我们把对方说服了，事就好办了，如果把对方说恼了，事也就砸了。但要说服对方，说服者的心要细、嘴要甜、情要真、理要通，而一个会说话的女人不是最具吸引力的人吗？

懂得运用适合的语言进行交流

如果你对人有事相求，却言语表达失当，势必不能达成所愿。但如果精于说话之道，情况就会大不一样。

美籍华人杨华是著名的歌舞星，她从纽约到香港，打算小住之后，再到东南亚表演歌舞。

可她急需一两个短剧，而在她心目中，如果香港那位很有名的作家能够为她动笔就太好了。这位作家学贯中西，文笔风趣，但他脾气古怪，而且也很忙。

朋友告诉她，作家并不知道歌星需要什么样的短剧，所以他不一定会放下自己手头的工作抽时间为她写，而且写后如果歌星不满意，双方都不会很愉快。

她的朋友建议她，先对作家说喜欢他的作品，再谈谈他的成功之处，然后再谈自己所需要的事。

杨华立刻行动。她用这几天的时间，找到了这位作家的不少作品，又收集了许多采访问答，对他的作品进行了深入的了解。杨华在充分了解了作家的兴趣、爱好后才应邀与作者见面，他们的交谈十分融洽。

几天后，她高兴地告诉朋友，作家爽快地答应了她的要

求。因为，杨华的说话很得作家的欢心，从而使作家愉快地
答应了替她写一部短剧。

要令人感觉有趣，就要对别人感兴趣，提出别人喜欢回
答的问题，迎合对方的需求，这样便能够很快地缩短双方的
距离。

使别人适应自己的要求是人的天性，我们只有首先迎合
了这种天性才有可能在社交中取得成功。

我们知道，幼儿园教育小孩子的秘诀，其中有一种，就
是适应他们的兴趣。

小孩子的兴趣是什么呢？只要你能揣摩他们的心理便可以
迎刃而解了。在刚上课时，有很多小孩子要家长陪坐在旁边才
行。但是，这种情形只维持了一天，第二天，小孩子自动不要
妈妈陪了。因为老师告诉孩子，很多小孩已经不用妈妈陪了。
孩子们也看到了有些没有妈妈陪的小孩也是一样快乐。

有些小孩子在上课时一直哭泣，教师也用同样的办法，
还告诉他，如果不再哭了，就有蛋糕吃。那些小孩子果然不
哭了。

和小孩子讲话要用小孩子的口吻，否则他根本就不会接
受，更谈不到要他自动听话了。

看了幼儿园教师对待小孩子的办法，我们可以知道，
她们成功的原因，是由于她们能去迎合小孩子们的兴趣和
思想。

我们首先要学会适应，适应之后才可以了解他人的意愿，才便于与他人交流。

应该说，每个人的性格与爱好都有所不同。生活中有这样一种人，他们善于揣测他人的意图，逢迎他人的喜好，以使自己做出讨人喜欢之举。当然这种人不值得效仿，但有一点对世人应有所启发：他们为何要逢迎他人的喜好呢？无非是有人喜欢他们如此。所以，我们在求人办事的过程中，千万不要忽视了这一点，即满足他人的兴趣，投其所好地说话、办事。

会说话的女人最受欢迎

语言是连接人与人之间的纽带，纽带质量的好坏，直接决定了人际关系的和谐与否，进而会影响事业的发展以及人生的幸福。对于女人而言，卓越的口才、有技巧的说话方式，不仅是家庭幸福的法宝，更是事业披荆斩棘的利剑，增加个性魅力的砝码。

现在社会上流行一句话：一等女人靠气质，二等女人靠美丽，三等女人靠温柔。毫无疑问，女人的形象十分重要，长得漂亮就是一种天生的优势，但是生活中真正出色的女人未必国色天香但一定有气质。那么，什么因素在女性的气质中贡献最大呢？

据调查显示，口才在提升女人气质的因素中占有30%以上的重要性，所以说女人长得漂亮往往不如说得漂亮更有价值。一个聪明的女人总是善于利用自己的嘴展现自己的优势和魅力，消除或者减弱外在条件不足造成的劣势，利用语言为自己增色。所以，作为女人，如果你没有骄人的外貌，也不要耿耿于怀，因为你完全可以通过语言修炼来为你的美丽加分，为你的姿色加分，使自己成为真正经久不变的出色女人。

在澳大利亚墨尔本，女记者帕兰要采访一位权威人士，打算请他就海洋动物保护问题做15分钟的广播讲话。这位权威人士非常忙，曾经拒绝过很多记者的要求。如果直接提出占用他15分钟时间，他可能会拒绝，于是，聪明的帕兰在电话里是这样说的："在百忙中打搅您很过意不去，我们想请您就海洋动物保护问题谈谈看法，大概只要3分钟就够了。"

"听说您日常安排极有规律，每天下午4点都走出工作室到户外散步，如果可能，我想是不是可以在今天下午的这个时候拜访您？"

结果这位权威人士接受了她的要求，采访于下午4点准时开始。当帕兰告别时，时间过去整整20分钟，帕兰出色地完成了任务，因为20分钟的录音编制为15分钟的广播讲话，材料是足够的。

从这个事例中我们可以看出，帕兰提出采访的话语中充满了真诚、礼貌、理解和关切，这充分体现了说话的技巧和艺术。试想当有这样一个女性想要对你进行采访的时候，你能忍心拒绝她吗？会说话的女性是没有人不愿意和她交谈的。帕兰这一次成功了，那下一次，再下一次……毫无疑问她都能获得成功，成功也必定不会拒绝这样一个用语言打动他人的女人。

所以说，一个女人只要会说话，相信没有谁可以阻碍她幸福的脚步。

交谈默契了，事也就成了

一个人的能力毕竟有限，所以我们很多时候都要有求于人、利用他人的优势和条件办好事情。最难的事情莫过于求人办事，因为话一开口自己就已经矮了半截，你都没法平等地进行交流。所以，如果你能灵活求人，有求必应，那么你的人生必将灿烂无比。

龙应台是台湾的著名作家，其人其文，均极富个性。通常，龙应台一般不愿接受别人的采访，因为她认为，采访者一般并不熟悉她的作品，不了解她的思想，彼此沟通缺少条件。但中央台《东方时空》主持人温迪雅向她提出采访要求时，却得到了同意，这又是为什么呢，请看下面两人的对话：

温迪雅：作为您的读者，我喜欢您作品中所表现出的直率与坦荡，喜欢您信手拈来皆文章的敏锐……

龙应台：你读过我哪些作品？

温迪雅：我读过您的五本自选集。我特别感兴趣的是您以胡美丽的笔名和真名龙应台所展开的讨论，剖析了您作为女性对自身不同层面的思考。而且，当我读了您的《女子与小人》，又为您的细腻琐碎而感动，让我着迷的是，您在这本书中所流露出的纤纤母爱与那个会写批评的龙应台竟是如此不同。

龙应台：你说得很对，胡美丽与龙应台的截然不同，恰恰是我追求的效果。

此时，龙应台脸上露出难得的笑容，而温迪雅也趁机提出自己的要求："龙女士，我们可不可以做一个专访，让更多的人去了解您？"

结果，龙应台很爽快地答应了这一要求。

温迪雅的口才实在令人佩服。一番不露痕迹、恰到好处的恭维，马上就拉近了双方之间的距离，融洽了双方的关系，顺利地完成了任务。

生活中，我们常常会向别人提出这样或那样的要求，希望对方能给予帮助，满足自己的要求，这时我们应把握最佳时机向对方提要求的同时，要因对象、场合的不同及时调整自己提要求的方法。

1. 最好是了解对方的行事风格，有针对性地选择交谈内容

一个善于求人的人，一定很注重礼貌，用词考究，这是最起码的要求和前提。否则，不但事情办不好，还会遭到对方的厌烦。如果你的举止很稳重，态度很温和，言词中肯动听，双方自然就能谈得投机，分别后也会彼此怀念不已。所以，为了使对方对你产生好感，必须言语和善，讲话前先斟酌思量，不要不动脑筋，想到什么说什么，以至引起了别人反感自己还不知道为什么。

2. 争取得到对方的心理认同再提要求

有时候，当你明知道自己的要求会遭到拒绝时，你不妨采用欲擒故纵的方法，先说一些与要求无关的事，然后再相机行事，与对方巧妙周旋，最终让对方满足你的要求。

3. 让对方在谈话中得到满意后再提要求

和陌生人打交道，对方要么会对你很冷漠，要么会对你心存戒备，所以，若要向陌生人提要求，你不妨先和对方套近乎，先用得体的话恭维对方，消除彼此的陌生感，然后趁热打铁，提出自己的要求。

另外需要注意的是，运用这种"趁热打铁"法，要把握恭维的分寸感，这种恭维不是肉麻的吹捧，也非违心的奉承，而是恰到好处的赞美。如果恭维得过了头，往往过犹不及，给人以虚伪感；如果没有恭维到点子上，也如同隔靴搔痒，难以奏效。所以，在和对方简短的交谈中你必须像温迪雅这样，敏锐地捕捉到对方的优点，并巧妙地表达出来，否则，你的恭维很有可能是白费唇舌。

4. 以退为进，先麻痹对方再提要求

有时候，你提出的要求被对方断然拒绝，这时你不妨先退一步，麻痹对方，然后乘其不备，引其入彀。比如，你若直接向对方推销保险，对方很有可能会说对此毫无兴趣，然后转身就走。其实，你可以这样说，能让我占用您5分钟时间吗？仅仅5分钟。然后，你再充分利用这5分钟时间向对方宣传购买保险的种种好处，使对方在不知不觉中就满足了你的要求。

运用"以退为进"的方法，关键要掌握"退"的技巧。一方面，你的"退"要能麻痹对方，使对方误以为你打算放弃要求；另一方面，你的"退"恰恰是为"进"提供一个新的角度、新的契机。

会说话，借钱这样的难事也容易办得到

在现代社会，如果张嘴向别人借钱，实在是一件很为难的事。这不只是张口难，而是能借到钱难。但是有的时候一个会说话的女人会说的让对方无法拒绝。那么怎样"张口"才能最易达到目标，把钱借到自己手里呢？这要看你会不会说话。我们向别人借钱，很不好意思，总觉得难以启齿。其实，我们主要是怕别人拒绝，怕自己伤自尊。其实，掌握一定的技巧，懂得用感情打动对方，用言语说服对方，别人就会愿意借钱给我们。

王爽想借钱，和老公一起凑足首付款。但是，怎么开口借钱呢？左思右想，拨通了马大姐的电话。

电话接通前，王爽早早露出一脸准备好的笑容，好像那头能看见似的。对方刚说"喂"，王爽就以高出平常三个分贝的热情说："大姐，是我呀，小爽。您最近挺好的吧？"

马大姐回答时说起了自己腰疼，王爽接着说："那您一定要注意啊，别坐太软的椅子。听说有一个医院治疗这种腰疼挺不错的……"

接着，王爽足足说了十分钟如何治疗腰疼，然后又问她的孩子怎么样，考试成绩如何，又夸她孩子聪明。过了好久，在一旁等待的丈夫也没听见她说起半个求人办事的字。

二十分钟过去了，王爽的丈夫都快听睡着了，这时才听见王爽把话引入正题："他嘛，还是那样，最近房子的事闹得他挺烦的，还差五万块才能凑够房款。前一阵子我们就想请大姐帮我周转一下，可是见你的事也多，一直也没好张口。可我们想来想去，只有你能帮这个忙，现在借钱有多难呀。"

接着，丈夫见王爽冲他挤了挤眼，知道对方主动答应借钱。接下来，王爽又"唉呀呀"地说了一堆"大姐你总是这么照顾我、我们可得怎样感谢你呀！"

王爽放下电话，丈夫就说了句："还不够你累的。"王爽回答道："想让别人帮你只有这样呀！说话有感情更容易让别人帮你。求人本来就是个累活。要想让对方不拒绝，不能刚开口就直奔主题，最好的说话艺术是让对方主动提出来借给你。当然，如果正好能顺便帮对方点忙就好了，这样给下一次开口就留了余地。"

求人办事的时候，保持三分客气七分亲热，善于用感情打动对方，那你就能唤起别人的同情和支持。这时再说借钱的事情，也就水道渠成了。

其实，面对借钱者，就算是再好的朋友，对方也会有戒心和顾虑。这时候，我们就要学着通过语言来消除他的顾忌。这样，借钱之类的难事也就迎刃而解了。

向人借钱的时候，要想最快达到目的，除了"打感情牌"，我们还要注意下面几点：

1. 一定要讲明借钱的原因

要准确无误地告诉你的朋友，你为什么需要借钱。如果你是需要借钱做生意或周转，你可以描述一下你怎样用这些钱和你打算怎样做来摆脱短期借款。这样做也许会帮助让你的朋友安心地把钱借给你。

2. 说话要用商量的语气

向别人借钱时，说话语气一定不要太硬，更不能有伤人的话。你可以尽量使用一些柔弱的话语，博取对方的同情。

假如你的父母患病住院了，你需要借钱时，你就可以说："我的父亲病了，还缺住院费1500元，不知您手头宽绰不宽绰？下月开工资我就还您。"用这种商量的口气，就能使对方感到你有求于他而且尊重他。只要对方手里有钱，是不会不帮忙的。有些人则不注意这一点，向人借钱时说"谁不知你存了几万元，借我一点儿钱还不是牛身上拔根毛"，诸如此类的话熟人之间打趣说说还不要紧，但在真要借钱时这样说，对方还是不愿听的。

3. 借时注意一定要说明具体的数字和归还时间，而且要准时归还

你的朋友很有可能不会像银行一样有那么多的钱来克服紧急情况。因此，向你朋友借准确数量的钱，不要再借额外的资金。而且，"有借有还，再借不难"，按期归还是非常重要的。

假如你与同事一起去商店，想买新衣服但刚巧手里钱不够，你就可以说："小王，你先借给我200元钱买这件衣服，等明天上班，我就还给你。"这样，人家感到借出去的钱有了保障，自然会放心地借给你。

千万不能为了使对方同意借钱给你，明明近日还不了，你还说"过几天就还"，或说"明天就还"。结果不能如期归还，对方就会把你看成个不守信用的人，下次再借可就难了。

4. 借钱不成，也不可恶语相向

向人借东西，总有不能如愿的时候，更别说借钱了。如果你讲明了理由和归还时间，对方仍旧不愿意借钱给你，甚至说自己正要用钱，没有闲钱。这时，你也不要恼羞成怒，更不要说出"怎么这么巧，我来借时你要用"之类的话。否则，就会大伤和气。你在借钱不成时，如果能对人家说："我知道你当下手头也不宽绰，我再到别处看看"，就会让人觉得你能体谅人。下次，当你要借钱时，对方可能就会考虑借给你。总之，向人借钱一定要掌握技巧。当然，所有的技巧都是围绕怎样说来展开的。

通过谈话解决问题成本最低

在现实中，解决一些纠纷有的要付一些赔尝，有的甚至还诉之法律又劳神、又搭财，但会说话的女人仅凭一张嘴就可以解决问题。

一家银行派客户经理陈杰去处理一起投诉。

事情是这样的：月末发工资了，银行大厅有许多人排队办业务。当宋医生办业务的时候，后面的老人等不耐烦了推了他一下，结果两人拉扯起来。事情闹得很大，满大厅的人围观。事后，宋医生向银行投诉，以自己在银行受到了侮辱为由，要求银行负责，要求业务员书面道歉。而业务员刚刚工作没多久，对此事她还感觉委屈和愤怒，根本不知道该怎么去解决。

陈杰知道，要想让客户平息怒气，最好的办法就是主动道歉，表示对对方的尊重和支持，让自己的示弱获得对方的理解和同情。

于是，陈杰找到宋医生，简短地介绍了自己。宋医生马上就明白了她的来意，态度很强硬，显然怒火还没消。陈杰看到这里，温和地对宋医生说："我们很感谢您选择我们的银行，一直希望提供给您贴心的服务。发生了这样的事情实在很抱歉。"宋医生一听，原本强硬的态度就软了下来。

陈杰微笑了一下，接着说："给你办业务的是个新手，还没有遇到过这样的事情，也不知道如何处理。你也知道，职场新人就是这样，遇事就不知所措了。"医生听到这里，也附和说："没什么。我也是通情达理的人。那天事情是这样……"

听着宋医生的讲述，陈杰适时地配合着："原来是这样，你没错，我们应该更让你满意"……讲完之后，陈杰就赶忙接着说："我一听到这事，就把业务员教育了。批评她没有经验，遇事反应慢。小姑娘也后悔的不行，连连说要好好反省，给您道歉。"

宋医生听陈杰如此和颜悦色，说道："我原本还要那个业务员当面道歉，并且拿出书面道歉信呢！现在就不需要了。收到您的歉意，我也没有什么怨气了。"

回到银行，陈杰将业务员叫到办公室，和她分析了整个事件。最后，陈杰说："如当时宋医生正在气头上的时候，你说几句好话，给他个台阶下，也不会收到这个投诉吧？遇到矛盾和纠纷，不一定事事都要讲清是非曲直，硬碰硬。真诚地向别人微笑，说些好听话，就能将这些小冲突化解。"

聪明女人说话办事也有独到的技巧和魅力。成功女人知道谁都抵不过女人的三句软话，所以在说话办事的时候她们就尽其所能地多说软话，把事办成。

生活中，很多人不愿意说软话，可能是认为这有伤尊严，所以大部分人都是秉持着宁折不弯说话行事。结果，以硬对硬，双方都没有台阶下，只能两败俱伤。其实，当你和客户有了冲突时，只要不违背原则，跟客户说软话也无可厚非。而且，向对方道个歉、认个错，赔个笑脸，是最直接、最简洁的解决方法。就算是对方不讲道理，我们也不能去和客户争辩是非和较劲。一时之气争不得，否则你就要做好得罪客户、辞职离任的准备了。

如果你善用软话，那你就是别人眼中的谦和之人。谁不愿意与谦和者共事呢？遇上不讲理的客户，你在原则不能变的基础上软话好好说，就能为你最后顺利地成事赢得其他人的理解与支持。而且，今天你虽服软吃亏，但是从长远来看，你可以获得别人的信任和好感。这就为你自己祛除了以后人生路上可能存在的"不平坦"。

适当地"吹捧"，也容易达到自己的目的

所谓适当地"捧"已不是庸俗地拍"马屁"，而是别具内涵地内行赞美！

有过求人办事经历的人都知道，求人办事儿最关键的一点就是一个"捧"字。这个字虽然说出来有点虚伪，但你要是"捧"的得体、恰当，就能起到很好地拉近彼此关系的作用。

所以说，女性朋友们不妨要记住，在求人办事时，多发挥点"捧"的技巧，不过话说回来，这"捧"也是有讲究的，可不是没边沿地"瞎捧"，更不是不知所云地"乱捧"而是要从实际出发，因其所长而有内涵地"捧"！

白石接到总公司下派的一个任务，说要完成一个美术馆的设计。随后，他马上召集人马进行设计，公司那边规定要在一个月内完成，但是就在即将要完成的时候，他这个小团队中的小王却将策划稿中的一页丢失了，造成了整个计划推迟了三天才上交。这让一向办事儿严谨的白石感到非常恼火，事后经过调查，发现是当时设计底稿的一个设计人员记错了页码，但白石还是决定开除小王。但小王毕竟已经在公

司工作3年了，他不想就此被辞掉，于是赶忙找到了他的主管张大姐，让主管到白石那里求情。

到了白石办公室，张大姐拿着设计好的图纸看了好一会儿，然后大声赞叹道："白经理，您的设计方案真是太出色了，相信总公司一定会好好奖励您的，最重要的是，这么复杂的设计方案，你操作起来竟然这么的有条不紊，所有员工都完成得非常出色，这可是一般项目不能比的，所以，我看您完全没有必要开除小王，他也吸取了教训，着实没有必要让他影响了您的成绩不是？"

白石听着张大姐对自己的赞扬，细想想也对，于是，就撤销了对小王辞退的决定。

小王之所以免于被辞退，原因都在于张大姐的说情，张大姐把一顶高帽子扣在白石头上，然后就事论事，让白石也觉得的确就是那么一回事儿，于是，事情自然办成了。

其实，这个道理就好像是"异性相吸，同性相斥"的原理一样，每个人都有着自己喜欢和讨厌的事情，对那些自己心里喜欢的事情当然比较容易接受一些。因此，我们办事儿的时候一定要掌握规律，恰当地"捧"一下，事情就办成了。

小梅是一家外贸公司的总经理助理。一次，总经理利用业余时间研发了一个小发明，竟然意外地获得了城市赛区的一等奖。回到公司后，大家给总经理开了个庆功会。期间，一个部门经理过来对总经理说:"不瞒您说,您选择从商真是错了。你看你的才能,你要是搞创作发明,现在早成了科学家了。"

总经理听了以后,有些不高兴地说:"那你的意思是我做经理做得不好,应该早点换个工作呗?"

本来想拍总经理马屁的部门经理一听这话,傻眼了,顿时不知道如何是好,一时支支吾吾。这时,小梅正好送水进来,也恰好听到,便打圆场地说:"总经理,他是在夸你不仅本职工作做得好,而且多才多艺,是我们学习的榜样呢!"

总经理一听这才哈哈大笑起来。

从小梅经历中,聪明的你一定不难看出"捧"人也是需要技巧的。同样在"捧",不同的方式所产生的结果也不尽相同,若能先给对方扣上一顶"高帽子",再巧妙地将对方的"不"说成"是",便可以轻松达到你所要的效果。

当然,"捧"与奉承不同,也不是谄媚,一般人在生活中大多只会看到别人的短处,而常常忽视对方的长处,甚至不自觉地放大对方的短处,便觉得一种对方根本没有优点值得你捧,于是你只能说点不存在的事情奉承对方,这样一来,也会让对方觉得虚假、不真实。事实上,你根本不用费尽心思去吹嘘那些不存在的事情,首先应端正自己的认知:这个世界上"人无完人",你要善于发现周围人的长处,发现别人可捧的地方。让他在"舒服"的同时又没有办法拒绝你的要求,你的目的不就达到了吗?

说得好，跟老板提加薪也不是难事

在公司向老板要求加薪是有一定风险的，弄不好不但薪水没有提高，还有可能从此以后再也没有薪水拿了。不过，如果你是一个会说话的女人，你就会发觉其实向老板提出加薪的要求远没有想象中那么可怕。

每个在职场中的女人，都希望自己在做出成绩后得到加薪，但事实上呢？很多时候，你的薪水常常一连一两年都未曾变过，那么此时，你是否想过去找老板"理论"一番，让他给你加薪呢？

的确，如果你觉得自己的能力很强，但薪水却很低，那么，你就可以大胆地去找老板加薪，不过在加薪之前，你一定要清楚地列出加薪的理由，以便让他心悦诚服地给你加薪。

在现实生活中，女人们对于加薪这件事儿，大多是抱着保留态度的，即便自己对目前的薪水真的很不满意，她们通常也不会直接地提出来。

郭琳三个月前完成了一个大单子，按理说，光提成她就能得到1万块，而且经理在两个月前就决定给郭琳每个月加薪500元，但连着两个月了，郭琳领的依然是原来的工资，而且奖金一点也没有发放的意思，坐不住的郭琳找到了经理。

经理放下手上的文件，说道："有什么事儿，你尽管说吧！"

"是这样的，经理，两个月前你说给我涨工资和上次单子的提成，我现在还没有收到，我想是不是财务那边的手续还没有办下来。"

经理一听，说帮她问问，让她回去等消息。结果临下班前，经理找到了郭琳并对她说："哦，真是不好意思，我这就打电话催催那边，你也知道最近公司财务比较忙，可能那边一时太忙没来得及处理，你放心，错过的两个月我会让财务给你补上的，以后继续好好干，我们公司也是按劳分配嘛！"

在你明明应该得到加薪的时候，却没有得到应有报酬，这个时候，无论是老板的疏忽还是故意为之，你都应该在提醒老板的时候给他个台阶下，只有让他下来，你才能有机会上去。

当然，除此之外，你还有很多需要掌握的加薪技巧需要引起注意。

1. 加薪前为自己备好充分的理由

想要说服老板给你加薪并不是一件容易的事情，万一出现失误，就会影响你在老板眼中的形象，不利于日后的工作。

因此，在你准备向老板开口提钱之前，一定要先确定好谈话的要点，然后有理有据地展开，让他意识到给你加薪对

他、对公司来说都是百利而无一害的事情，这样你的目的才
能达成。

2. 一定要选好时机

提加薪这件事儿的时候，一定要找准时间，如果正赶
上你的公司遇到麻烦或者老板心情不好时，你去提这样的要
求，无异于自己打自己嘴巴。一般来说，最好的加薪时机应
该是老板正沉浸在喜悦之中，此时，你向他提出加薪的要
求，他大都比较容易接受。

另外，你最好了解一下每年公司加薪的具体时间。大部
分公司都是在冬季，如果公司的效益不错，此时你去要求加
薪成功率也比较高。

3. 如果要求得不到满足，要了解原因

当你的要求被老板拒绝之后，你也不要太过激动，质问
老板自己做牛做马为什么得不到应有的待遇……此时，你应
该冷静地听听老板为什么不给你薪，这样一来，即便老板现
在没有满足你的要求，也会提前想着你的，若又闹又问只能
让事情变得更糟。

4. 如果有条件可以借他人之口帮你传话

作为一个员工，直接向老板提出加薪要求的确比较困
难，此时，你就可以借助一些经常打交道的部门经理或和老
板比较熟络的员工帮你捎话。这样一来，既免除了老板与你
之间双方面的尴尬，办起事儿来还比较容易。不过，这个传
话的人一定得是你了解的，且跟你关系很好的人。

工作中，只要你认为加薪是合理的，只要掌握好合理提
出加薪要求的技巧，那么你就可以大胆地去敲老板的门。

第四章
会说话的女人成功机会多

美国人类行为科学研究者汤姆士指出：说话的能力是成名的捷径，它能使人显赫、鹤立鸡群；能言善辩的人往往使人尊敬、熠熠生辉。因此也更容易让人事半功倍、事业有成。

真诚赞美，有助于目标的实现

美国著名心理学家威廉·詹姆斯说："人类本性上最深的企图之一是期望被赞美、钦佩、尊重。"赞美是一种让沟通顺利进行的有效良方，是交流双方互动的润滑剂。一句赞美给人以力量，一句赞美给人以鼓励，一句赞美也许能帮助他人渡过难关，一句赞美能换来友谊、合作。

一家专门制造高级椅子的公司的董事长詹姆斯·阿特牟逊，得知建筑商伊斯曼决定建一所音乐学院和一座剧场，他非常希望能得到这两栋大建筑的座椅订单，但他也知道单凭竞标，他不一定有把握战胜对手，便决定前去拜访建筑商，希望能直接获得他的认同。

当阿特牟逊准备去拜访伊斯曼时，一位朋友好意地提醒他："如果你想争取到那笔订单，我劝你最好只和伊斯曼会面5分钟。超过这个时间，恐怕就没希望了。伊斯曼是个一板一眼的人，整天忙碌不堪，所以你和他说话，别忘了'简明、扼要'四个字。"

阿特牟逊道了谢，并准备按照他的话去做。

当阿特牟逊走进伊斯曼的办公室时，他正在翻阅一大堆公文。过了好一会儿，才抬起头来，摘下了眼镜，走到阿特牟逊的面前。

"先生，请问你找我有什么事？我的时间安排得很紧，你只有5分钟可以说明你的来意。"伊斯曼面无表情地说。

阿特牟逊没有直奔主题，而是说道："喔！您这房间的装饰和摆设，格调真高雅，在这种环境中办公，工作效率一定很高。我从事室内装饰的行业这么久，从没见过这样舒适的办公室。"

"是吗？你这么一说，我又想起当初装潢的事了。真的很不错吧！大厦刚落成时，我也有这种感觉。但最近工作太忙，我几乎都忘了这个优点了。"乔治•伊斯曼愉快地答道。

阿特牟逊走到木质墙壁前，用手摸了一下，说："这是英国橙木制的，和意大利橙木在纹图上有些不同。你真是一个行家，要知道很少有人知道意大利橙木比英国橙木的质量要差一点。"

"是啊！这是从英国进口的。我特意亲自挑选的。"伊斯曼有几分得意地说。

然后，伊斯曼把办公室的布局、色调、手工艺的装饰和他自己的构想，一一说给阿特牟逊听。两人边聊边在办公室里来回走着，最后在窗前停住脚步。伊斯曼用平稳的语调说出自己为谋社会福利，以个人财力建造的各项公共设施，如：广场大厦、综合医院、疗养院、友爱之家、儿童医院等。阿特牟逊对他的博爱精神，和他所做的各种努力，表示由衷地敬佩。

伊斯曼又打开一只小箱子，里面装的是他从英国人手中买来的照相机，也是他研究照相机的第一个实验品。阿特牟逊问他经营之初的困苦情况，伊斯曼再追述起穷苦的少年时代，寡母靠收房租过活，他自己则在日薪5毛的一家公司做事。那时，他只想如何克服贫困，让母亲不再辛勤工作。阿特牟逊又问他做底片实验时的情形，伊斯曼神采飞扬地告诉他，那时他每天从早到晚不停地工作，只在等待药品产生变化的短暂时间内，稍微休息，有时连续72个小时不睡觉。

"前些日子，我去日本考察业务，买了一把椅子回来放在阳台上，经太阳一晒，油漆纷纷剥落，我自己就买了一罐油漆，亲自重新漆上，你要不要见见我的油漆技术？我们先一起用餐，然后再去看。"

饭后，伊斯曼果然带阿特牟逊回家去看那张椅子。那是一把价值105美元的普通椅子，和他亿万富翁的身份毫不相配，但阿特牟逊对伊斯曼的油漆技术夸奖不已。

看完椅子之后，阿特牟逊捎带说了一下自己的来意，伊斯曼没有丝毫的犹豫，他立即在阿特牟逊带来的定单上签了字，并让财务部门提前给了一笔定金。

每一个人都有渴求别人赞赏的心理，赞美话语如同照耀人们心灵的阳光，失去它，便会失去生机。为此马克吐温说："我能为一句赞美文辞而不吃东西。"可见赞美的威力。

真诚的赞美对人际沟通、维系良好的关系会产生重要作用，也是调整心灵的润滑剂。或许有人会说赞美不过是几句好听的空话而已，但威廉·詹姆斯还曾研究发现："人类本性中最深刻的夸奖，要比严厉的惩罚、责备他们的过失，更能得到他们的合作，更能促进他们恢复人格。"

可以说，没有什么方法比赞美更能提高你的人气了，所以，平常一定不要吝惜你的喝彩声。以下赞美技巧可供女性朋友们借鉴：

1. 意外赞美法

出乎意料的赞美，会令人惊喜。比如，一位女士看见儿子把饭吃得很干净，就夸奖了一番。在孩子看来是应该的，却得到了妈妈的表扬，他的心情会变得无比愉悦。而且在以后每次吃饭时，他都会把饭吃得干干净净，若米粒掉在了桌上，他也会自动捡起来扔进垃圾筒。

2. 目标赞美法

女人在赞美别人时，如果为其树立一个目标，往往能让他坚定信念，为这一目标而奋斗。一位经验丰富的排球教练在训练队员时，发现一个女孩思维敏捷、球路较多，她非常看好这个女孩。一天，她走到这个女孩面前，轻轻拍着她的肩膀说："有一天，你会成为国家排球队的最佳队员。"这个女孩后来真的成了国家排球队的主力队员。女孩回忆说："教练赞美我的那句话对我的一生产生了巨大的影响。"

3. 肯定赞美法

每个人都有渴望赞美的心理需求，有一些特定的时机更是如此。例如，考试得了好成绩，成功地完成了论文，职位得到提升等，都希望得到别人的肯定。这时，女人不失时机地给予真诚的赞美会使被赞美者感到高兴。

赞美是尊重他人的表现，心理学家经研究表明：每个人都不同程度地把自己看做"中心"，都特别关注自己，内心都希望引起别人的注意。女人学会真诚地赞美别人，会使自己的人际关系和谐、工作顺利、生活愉快、推进自己事业有成。

让对方觉得挨了批评心里也敞亮

当我们赞美一个人的时候，总会得到对方的好感，但若批评一个人，即便对方应该受到批评，他也会从心里排斥批评，并对批评者心怀不满。可是很多时候批评是无法避免的，要想使对方不产生排斥心理，你必须注意批评的方式方法。女性朋友们若能做到批评有方法，不仅不会被对方排斥，反而会增强自己的人缘。

王红是某公司营销部的经理，业务是强者，在谈判桌上是胜利者，在私底下也是下属心中的"偶像"。

而且，在上、下级关系上也是高手。在公司，王红每当发现下属犯错误或工作没有做到位时，她从来都不会当众训斥，而是把他叫到公司的休息区，边喝咖啡边聊天。而且，这样的谈话往往开头都是一样的，"你最近工作很努力，成绩有目共睹，客户都很满意。但是……"说到此，人们都知道，

"但是"后面即是要批评的内容，但后面的话王红从来都不会一上来就把哪些地方做得不好说出来，而是先肯定对方的成绩，再把不足之处指出来。这样一来，既不会让对方觉得难堪，又会让他很有成就感，他会记住经理指出的问题，并很快改正。

这样的处事方法让王红在公司员工中颇有威信，部门的销售额也是步步攀升，很快王红的职务又得到了升迁。

批评是一种艺术，批评别人并要使其口服心服，就要讲究窍门，以下几种方式女性朋友们应该有所了解，这会对你能很好地维系与同事的关系很有帮助。

1. 劝告式批评

批评是一剂"苦药"，虽利于"病"，但是没有一个人愿意领略那逆耳的批评。如果我们换一种方式，把逆耳的批评变做善意的劝告，那样"喝药"的人会高兴地喝下，"病"也会除去。

2. 模糊式批评

某公司召开员工大会，目的是为了整顿近期松散的劳动纪律。会上领导说："最近一段时间，我们单位的纪律总的来说是好的，但是个别员工的表现却很差，表现在有迟到早退、上班时间聊天的现象……"

这位领导运用模糊语言，如"最近一段时间"、"总的"、

"个别"，既把存在的问题指了出来，又照顾了别人的面子。虽然领导没有指名，但实际上还是等于指名了，并且说话又具有某种弹性。这种说法往往比直接点名批评的效果好得多。

3. 暗示式批评

如果想让对方接受你的意见，最好用暗示。很多人犯了错之后为了不在众人面前丢脸，都不想将自己的错误公开。虽然有虚荣心在作怪，但也有可贵的自尊心。当我们运用暗示为一个人保有自尊心，一方面让他明白你已知道他所犯的错误，同时也提醒他不可再犯。那么这样的批评比大声的责骂更有效。

4. 安慰式批评

小李刚毕业就应聘到一家公司做秘书，但由于缺乏经验，常犯一些错误。经理在指出她的不足时说："现在你做错一些事，自然是难免的，我像你一样刚参加工作的时候，也是什么都不懂，也做错过很多事，我相信只要你能认真努力地做，等到了我这个年龄的时候，你一定会超过我的。"

5. 善意式批评

善意式的批评是朋友式的善意提醒，是发自内心的关怀，有如春风化甘雨，能滋润犯错者那片干涸的心田。由于这种批评是柔和的，所以很容易被人所接受。

6. 比喻式批评

不直接批评犯错误者，而是采取打比方的方式，让他自我对照，认识到自己的错误。这种方法可以消除犯错者的疑虑和恐惧，使其自然地接受批评并加以改正。

7. 迂回式批评

心理学家威廉·詹姆士说："人类本质中最殷切的需求是渴望被肯定"。所以我们应创造一个和谐的交谈氛围，让他感受到你并没有因他犯错而另眼相看，再对其进行批评，就会显得合情合理，从而促使他产生自省，产生改正错误的愿望。

8. 间接式批评

妻子买了一件衣服征求丈夫的意见，丈夫觉得这件衣服的颜色太鲜艳了，妻子穿起来不太合适。如果直接批评就会说："一把年纪了还穿这么鲜艳的衣服，岂不成老妖婆了？"当然收到的效果肯定是伤害了妻子的自尊心。但是如果间接地指出否定的意见，比如说："不，颜色可真鲜艳，如果女儿穿的话会更好看，这个颜色很适合她。"效果会好很多。

不仅表明了自己的态度，同时也找了个合适的理由让对方保有面子。这样一来，对方不但不会忌恨你，还会对你抱有好感，并会愉快地改正错误。

谈论对方感兴趣的话题

做生意或者为公司做推销，善于与人交流是非常重要的，直接关系到生意的成败。有些此行业的女性朋友在与对方接触时，话说不到点上因此谈成生意的几率很低。

　　说话是一个技术活，职场上与同事、与领导、与客户的交流，都需要你下功夫。有的女人一见面，话题总离不开"今天的天气不错"或"最近在忙什么"等，只要听到这些，就可以判定这是一个不善言谈的女人。这样的女人跟同事之间总是保持着淡淡的关系，同事又怎么会帮助你呢？跟领导，这样的女人显得拘谨，怎么能让领导感觉你能担当大任？跟客户，话还没说两句，就冷场了，客户会跟你合作吗？

　　谈对方感兴趣的话题，会引起对方与你交谈的欲望。根据对象，如果对方是女性，很时尚，那么谈论服装、化妆等；如果对方是男性，比较热爱运动，那么谈论有氧运动、球赛等；如果对方是一个年过四十的父亲或母亲，那么谈论孩子的教育问题，等等。对方感兴趣的、爱听的，正想与人交谈的，这些话题绝对能让对方跟你滔滔不绝。如果你初次遇到一个女人，她只是和你聊一些你不感兴趣的话题，你会喜欢她吗，恐怕不大会吧。

　　肖平很热爱做销售工作，但她业绩总是提不上去。好不容易联系到一个客户，却谈不成功。已经三个月了，自己每个月只拿基本工资，这里还包括自己的许多推销费用，就算老板不辞退自己，自己也靠不起啊？

　　她是一个不善言谈的人，朋友很少，这些苦闷她只能憋在心里。每天按部就班地上班，真是没有意思。她的顶头上司早就发现了肖平的缺点，他希望肖平主动来找他说，可是肖平始终没来。肖平是一个遵守纪律的员工，就是没业绩，上司很想帮助她，有几次都给她安排比较容易的客户。

直到有一次，一个很容易的客户她居然也没有谈成，上司非常生气，他把肖平叫到办公室，问她到底怎么回事。她很无奈地说："我说话对方反应好像很冷淡。"上司说："怎么会，她一直很热情的。"肖平很委屈地说："我也不知道她为什么对我冷淡。"上司问："你跟她说了什么？""我也没跟她说什么，一开始说天气，她反应平淡。我又说最近物价上涨，她还是反应平淡的。"上司这回算是明白了，肖平说的话没有一句是客户爱听的。他忍着气说道："说话要说对方喜欢听的话，你知道吗？她是一个非常时尚的女性，你这么漂亮，就是让你跟她交流穿衣打扮方面的话题，这才能跟她拉好关系。你说什么天气啊，物价上涨啊，她会关心吗？我们是卖东西的，得把人家说得高兴了，东西就卖出去了，像你这样，谁会买你的东西呢……"

从上司办公室出来，肖平慢慢悟懂了上司的话。她打定主意，从现在开始练习说话技巧。怎么开始呢？同事小冯刚烫的新发型，就从她开始吧。第二天早上，肖平看到小冯就说道："小冯，你的头发烫得真好看，在哪弄的？我很想烫，但不知道我适合什么发型。"小冯很吃惊，往常不怎么说话的肖平突然说了这些话，搜集各种潮流信息可是小冯的强项，既然肖平求助，那就不能吝啬。于是，小冯滔滔不绝给她讲了起来。经过这次交流，肖平发现自己突破了语言障碍，而且还学到了不少潮流知识。

有了第一次，就有了第二次。肖平开始学着与办公室同事打招呼，说一些对方感兴趣的话题。逐渐地，肖平跟同事的关系密切起来。至于与客户，肖平在同事那里学到了不少技巧，她终于可以与客户谈笑风生了。

"酒逢知己千杯少，话不投机半句多"，事实证明，很多人能够成为朋友乃至生死之交，往往源于共同的爱好或志趣，而且双方往往是一谈之下，遂成知音。当然，职场上要接触各种各样的人，你自己不可能什么都喜欢。所以，共同的爱好是次要的，重要的是对方的爱好。

要谈对方感兴趣的话题，首先就要了解对方喜欢什么话题。对同事，同一个办公室，天天见面，总能观察出来，听他们爱说什么，就能了解了。对客户，提前打听好对方的喜好，见面后可以根据观察，也可以用语言试探，他们反应冷淡的显然就是不关心的，那就一定学会转换话题。聪明的女性要学会在交流过程中引入对方感兴趣的话题，投其所好，从而得到他人的认可，进而赢得对方的好感。

于森是化妆品公司的业务员，由于业绩突出，很快就得到了晋升。而且她人缘好，在半年时间里就与大多数同事打成了一片。很多人都很佩服这个身材矮小，脸上始终挂着微笑，又伶牙俐齿的后起之秀。

她升主管那天，请了同事们吃饭。饭桌上，大家就问她有什么秘诀。有个同事开玩笑地问："你人缘这么好，我们喜欢你，连那些客户都喜欢你，领导也喜欢你了，你是不是施了什么法术啊？"于森大笑，说道："是啊，我的法术很简单，其实你们也会的啊！我现在知道你们每个人喜欢什么，那你们知道其他同事们喜欢什么吗？我还知道我所要拜访的客户，她们喜欢什么，不喜欢什么。就这样啊。"

有人说："你详细一点嘛！"于森说："我们卖化妆品的，几乎都是面对女性客户。我也是女性啊，肯定有共同话题吧。如果是家庭主妇，我先说起养育孩子怎么怎么的，她们都有孩子，都喜欢交流孩子的事情。这样就显得亲近了。然后我转移话题，说孩子好难带啊，她们肯定有同样的感觉。之后我就把话题引到自己身上，跟她们大倒苦水：'我要是嫁个有钱的老公就好了，就不用又带孩子又工作，真是一言难尽啊！'她们忍不住就想安慰我，一安慰，关系就又进了一层。如果是真心想买化妆品，一定会买下的。"

"至于对你们嘛！"于森嘿嘿地笑："我是你们的开心果，你们怎么可能不喜欢我呢？"

确实是这样，于森好像能摸透每个同事的心思，谁跟她聊天再不开心，最后也开心了，觉得找到了一个知心朋友。

职场上我们要接触的人很多，要跟多数人搞好关系，一定要多学习，知识要广泛。当然，我们不可能什么话题都懂。交流本身就是学习的过程，只要说话谦虚一点，把对方感兴趣的话题引出来，你只诚恳地听对方讲，对方滔滔不绝，最后你说了很少的话，一样可以获得对方的好感。

任何情况下，该说的说，不该说的不说

聪明的女人知道什么场合该说什么话，不该说什么话，绝不会因胡乱说话而耽误自己的前程。

哈利夫妇在河边钓鱼，可哈利夫人却自顾自地一直在哈利先生身边不停地说话。不久，有鱼儿上钩了。哈利夫人说："这条鱼真够可怜的！"哈利先生说："是啊！只要它闭嘴，不就什么事都没了吗！"

哈利先生极具智慧的讽刺对我们日常生活中的说话颇有启发意义。很多时候，由于我们不懂得"闭上嘴巴"，不懂得把握说话的时机，因而都成了那"上钩的鱼儿"。

适当的说话时机是一个说话取得最佳成效不可或缺的要素。会说话的女人知道在适当的时间内，利用有限的几句话，就能充分地表达自己的意念。一个人说话的内容再精彩，如果时机拿捏不当，也很难达到说话的效果。

说话的环境和听者的心理常常随着时间的变化而变化，要让对方听你的话，接受你的观点，就必须关注时机的选择。打个比方，说话时机就像一个优秀的棒球运动员去参

83

赛，她有着强健的体魄和良好的技艺，但是，若没有把握击球的那一稍瞬即逝的"决定性瞬间"，太早或者太迟，棒都一样落空。还记得动画片《蜡笔小新》里的那个笨笨的推销员吗？其实，她也算聪明，懂得从小孩身上下工夫。一般而言，小孩需要什么，做父母的没有不知道的。小新的妈妈虽然不是事事顺从小新，但是，很多时候也敌不过小新的缠功。所以，如果那个推销员能在适当的时机去向小新的妈妈推销，无疑成功率将非常大。

拿捏好时机对我们而言的确很重要。那么，聪明的女人是如何把握好这一"决定性瞬间"的呢？其实，这里并没有放之四海而皆准的规则，它需要女人凭借自己丰富的交流经验或者敏锐的感觉来确定。

刘文家里的冰箱年头太长了，制冷效果非常差。她多次向丈夫提出要购买一个新的冰箱，但是，每一次都遭到拒绝。

正值酷暑，一天中午，丈夫对刘文说："今天真热，你给我拿一支冰棒来吧！"刘文抱怨说："没有冰棒只有冰水！"丈夫十分生气，也不禁抱怨道："这是什么破冰箱！"刘文赶紧提议道："不如买一个新的吧！"于是，丈夫欣然同意。

这天下午，夫妻二人来到了商店，看了好久后，终于相中了其中的一款冰箱。但是，一看价格三千多，丈夫便犹豫地说："算了，太贵了，还是不买了吧！"眼看丈夫就要走，刘文忙说："端午节都快到了，这气温一天比一天高，单位发放的肉和鱼往哪儿搁？"

这时候，一边的女售货员赶紧插了一句话。她说："这个冰箱虽然价格贵点儿，可是容积大、耗电小，长远来看还是很划算的。"

刘文的丈夫想了想，终于答应道："那好吧，就要这个啦！"就这样，刘文终于如愿以偿。

可以想象，如果小刘不趁着丈夫"意识"到问题的时候说买新冰箱的事，她丈夫一定很难乐意前往商店。而如果女售货员不在一边说出了那句适当的话，也不能促进这笔交易的成功。正因为刘文和女售货员都捉住了说话的时机，所以都轻松地达成了各自的目标。

我们应该明确的是，女人在反映情况或者说服他人的时候，特别要注意恰当时机的选择。一般而言，在你想要说话的对象心情比较平和愉悦的时候，最适合进行交谈，这时候获得成功的几率都比较高。相反，如果对方正处于疲惫不堪或者不顺心、注意力无法集中到你说的事情上时，他就没有心情来听你说话。聪明的女人会拿捏好说话的时机，摒除一切不利的因素。

只有那些缺乏说话技巧的女人，总是不分时机地想说就说，想说什么就说什么。她们不知道，很多时候，正是因为她们不会拿捏时机，办事情才不容易达到目的。

上海有一家大公司招聘新员工，求职者络绎不绝。

小霞是名牌大学的毕业生，还有在一家小公司工作过两年的经历，得到的评价也不错。这次来应聘招聘官很看好她，当即就让她办理相关的入职手续了。那时候，正好临近春节，被录取的李霞非常高兴，甚至有点得意忘形。看到公司那么看重她，便满心欢喜地问了一句话："我能不能过完春节再来上班?"招聘官说可以，但春节假期过后，李霞高高兴兴地来上班的时候，公司人力资源部的一位主管却通知她，公司已解除了对她的聘用，理由是我们公司永远不会录用在不恰当的场合说不恰当的话的员工。

因为一句不对时机的话而丢掉饭碗，这样的事情确实令人深思。这也是聪明的女人为什么要练就一口会说话的口才的原因。

会说话是女人成功处世的重要资本

现实社会中，有好人缘的人，也多半有好口才，比如一个人在与人交往中一言一行恰到好处，一定会让自己大受欢迎。

美国著名人际关系专家戴尔·卡耐基曾说："一个人的成功有15%是依靠专业技术，而80%却要靠人际关系、有效说话等软科学本领。"如果一个女人学会运用得体的语言，具有良好的说话能力，那么，她一定会展现出无穷的魅力，无论是立身处世，还是交友待人，都一定会挥洒自如。

著名演员刘亦菲在出演神雕侠侣中的"小龙女"之前，已经有好几个版本的"小龙女"，其中有的已经在人们的心目中扎下了根，成为不衰的经典。那么，刘亦菲打算如何塑造"小龙女"呢？在一次访谈中，主持人提出了这样的问题。

主持人：当你接手小龙女这个角色的时候，你怎么来演出自己的特色呢？

刘亦菲：真是一言难尽啊！之前有很多版优秀的"小龙女"，可我觉得自己是一个比较不容易受影响的人，所以我就是按原著给我的直觉和灵感去演绎这个人物。在演的过程中，于敏导演还有张纪中导演都给了我很多的自信和肯定，还有很多的建议。所以，我觉得成长得很快，真的非常感谢这个角色，让我有了一个能够进步的台阶，我真的觉得对这部戏非常有感情。

刘亦菲的回答非常巧妙。面对媒体的多次提问，刘亦菲的感慨颇深，"真是一言难尽"。因为对于观众来说，每一个角色如不同的人有不同的口味一样，再好吃的菜。也不可能适合所有人。刘亦菲一开始就对前辈塑造的多个版本的"小龙女"进行了赞美，显得谦虚而低调。接着，话锋一转，她强调，自己并不因为那些前辈塑造得好就会受到影响，她要根据自己的理解，凭直觉和灵感去演绎人物，又表现出她的沉稳和坚定。同时，刘亦菲也对剧组中的前辈给予自己的建议和肯定表示了谢意，是这部戏、这个角色让自己进步很快。满足、感激之情溢于言表。

刘亦菲得体的话语、聪明的回答，不但展示了自己的口才和修养，还为自己赢得了不少人气。

现实生活中，人缘好的人合作者也多。人情复杂，如何在人际交往中使言行恰到好处，确实关键，比如你要：

1. 包装一副好形象

你的外在形象影响着别人对你的印象，穿着得体、笑容恰到好处的你，给人的印象就是"这是一个重要的人，有品位，有气质，很讨人喜欢。"完美的装束再加上得体的语言，你将大受欢迎。

2. 寻找共同的立场

美国著名人际关系专家彭特斯在《合作的六大习惯》一书中，告诉了我们一个人际交往中的秘诀："合作的可能性只有一条：站在同一立场上。"那么，怎样做才能与对方站在同一立场上呢？就是说让对方感兴趣的话。

3. 适当地投其所好

别以为"投其所好"是个贬义词而不屑一顾，在人际交往中，"投其所好"可能起到引导和激发的作用。比如你知道她喜欢旅游，如果你感兴趣地问起旅途中的见闻，她一定会滔滔不绝地讲给你听，你们之间的信任度和亲密度也就随之加强了。

4. 有幽默感和随机应变能力

幽默和机智，可以显示出你的聪明和与众不同，既调节了气氛，也容易赢得别人的注意和喝彩。

5. 多赞美别人

每个人都有自己的优点，也都希望得到别人的肯定和赞扬。对别人的长处多给一些赞美，对方听着舒服，你也并不损失什么。要想让别人喜欢你、接受你，你先要赞美别人。

6. 多说"谢谢"

有人总结出对于人生最重要的十八个字，即："谢谢，您好，对不起，麻烦您，再见，我错了，请，我们。"其中居首位的就是"谢谢"二字。

7. 找到合适的话题

"酒逢知己千杯少，话不投机半句多"。我们与人初次交谈时，不一定要苛求与对方成为知己，但应尽可能地寻找双方的共同话题，寻找较多的"共鸣点"。

如果你能做到以上几点，学会得体地说话，相信你一定能成为受欢迎的女性，在职场和生活中都能左右逢源，游刃有余，成为一个事业有成的人缘高手。

会说话的女人领先一步

面对同样的机会，会说话的人就很有可能得到它，而不会说话的人则会失去好机会。而会不会说话在生活中所表现出的差异是巨大的，比如：面对一个陌生人，不会说话的人会感到无话可说，或"无处下口"；双方互相僵持，该说的说不出来，结果只能是尴尬的各走各的。

如何才能迅速打破沉默，让双方顺利沟通呢？这就需要其中一方学会没话找话，选择一个好的话题，打开纵情畅谈的开端。但知易行难，尤其是对那些不善言辞的人来说，这更是一个大难题，他们也往往因此错失了很多绝佳机会。不过，对于那些精于言谈的女人来说，与人畅谈工作和发展是她们的长项。她们说话善于：

1. 主动提出话题

这时候她们会选择那些大家普遍关心或关注的事情为切入点，吸引大多数人的兴趣，这样就会引导大家畅所欲言，人人有话说，自然也就打破了沉默和尴尬，使气氛热烈异常。比如：

"今年天气真够冷的！去年这时候我都没穿毛衣呢！"

"你们今天看足球比赛了吗？中国队是不是又输了？你们说中国足球还能看吗？"

"听说咱们小区要新修一个活动中心，谁知道具体情况啊？"

"物价上涨太厉害了，听说人们现在应聘都以这个要求加工资呢！"等。

2. 顺着话茬寻找接对方喜欢的话题发挥

当然，如果一味地说"今天天气不错啊"，无疑显得太老套，也难以起到明显的效果。那些掌握了"没话找话"真谛的博弈高手们，往往会利用对方的某些材料，如对方的姓名、籍贯、年龄、服饰、居室甚至对方的话题为题，即兴引出话题，就地取材，侃侃而谈，拉近双方距离，达成自己的目的。

杨树萍是20世纪末我国著名的保险推销员，平素练就了一身"没话找话"的本事，他的"没话找话"不但不会引起对方的反感，反而会引起对方的同感，他的业绩自然很可观。

一天，杨树萍去拜访一位陌生客户，对方是位经理，刚一见面，杨树萍就注意到了对方的名片——万俟明，于是杨树萍脑袋一转，开口说道："万俟经理，没想到您这么年轻，真是年轻有为啊！"短短的一句话，既恭维了对方，又点出了对方的姓氏，果然，对方大为吃惊，说道："你怎么知道我们这个姓呢，别人都叫我万先生呢？"

"我没事总喜欢看一些闲书"，杨树萍接着问道："这个姓是复姓，而且又很少见，想必是有来源的吧！"。

对方听到这里，更是显得神采飞扬，高兴地说道："不错，这个姓大有来头，它原是古代鲜卑族的部落名称，后来的拓跋氏，就是由万俟演变而来的。"

杨树萍看着对方神采飞扬的脸，接口问道："那么您就是帝王之后了？哈哈……"

这下那位万俟先生更高兴了，只听他继续说道："岂止如此，这个姓氏名人辈出，例如宋代的著名词人万俟永……"

就这样，杨树萍用对方这个少见的姓氏做话题，和对方越聊越近乎，到最后，对方不出意外地购买了一份大额保单。

3. 适情况切入

所谓适时切入，就是看准情势见缝插针，既可以顺着对方说，也可以发表自己的意见，利用调动交谈双方的好奇心等办法，使自己迅速融入交谈氛围之中。比如：

"你们也知道这事啊，我听说是这样的……"

"怎么了，老太大的病还没好呢？"

"你们说得不太对，我有第一手消息，你们想不想听？"

当然了，没话找话也不能乱找一气，要想做到深谙此道，我们还有必要掌握其他一些说话技巧、时刻关注周围的人或事，并且不断完善自己，做到百事皆通，那么无论对方说什么，或者处在什么情况下我们都能够及时接过话茬，或者及时将对方引入到自己的话题上，牵着对方的话头走，最终达到我们的目的。

会向老板说"体贴话"

体贴员工的老板是好老板，关心老板的员工也是好员工。做老板的也不容易，做为女员工适度地向老板说"体贴话儿"

合情全理，也十分的有意义，当然也更有利于你的职业发展。

事实上，每个人都希望得到别人的关注和关心。老板自然也不例外。当老板遇到高兴的事情，比如结婚、生子或者孩子考上名牌大学等，心里一定想向别人炫耀和分享。这时候，你适时地回应老板，祝贺和赞美他，那他一定觉得你善解人意。当老板遭遇困难、心生烦恼的时候，自然希望向别人倾诉。这时候，你就做个耐心的倾听者，适时地安慰一下，那老板心里也会觉得舒服多了。如果你发挥女人的本色，在老板高兴时表示欣赏赞同，在老板烦恼时表示同情鼓励，那你和老板之间的关系也必将和谐友好。

肖云的老板是个非常有事业心的人。有一天，老板面带微笑地走进公司，还主动和大家打招呼。肖云微笑着说："早上好。看起来，老板今天有喜事了。"老板笑呵呵地说："那是，我老婆昨天生了，还是个儿子。"肖云忙说："那真是值得高兴。恭喜老板当了爸爸。"这回，每天再辛苦工作也更有劲了。

几个月后，肖云连续两天都发现老板的脸上偶尔显露出一丝忧虑，工作时也没有了以前的雷厉风行，显得非常疲惫。肖云看在眼里，隐约感到老板一定是遇到什么麻烦了。

下班之后，她走进了老板的办公室，对老板说："这是本月的工作总结，请您审阅。"在老板看总结时，她趁机问："老板，最近我看您脸色不太好，是不是身体不舒服？"

老板苦着脸说道："唉！我儿子这两天生病了，一直哭。

我和他妈妈既担心又心疼！"

"严重吗？去看医生了吗？"肖云言语间流露出的都是
关心和担心。

"现在没事了，输了液，吃了药，在家休息呢。"

"老板，您别担心，一定会没事的。孩子还小，您多回
去陪陪他。有什么事用得上我的地方尽管吩咐。"

"谢谢你。最近一周，你帮我尽量推掉一些下班后不必
要的应酬，好让我多点时间照顾他。"

老板也是常人，他也有常人会有的各种情绪，尤其是当
他遇到困难和挫折时，你只需要适度地关心，一杯热茶也可
以让老板送给你一个淡淡的微笑。如果方便，你随意讲个笑
话，开解他郁闷的心情，他会非常感激。要明白，真正关心
老板，出发点应是爱戴而不是利用。

只要你真心诚意地关心和体贴你的老板，他也会给你真
诚的回报。你对老板的关爱与细心，老板一定会有着很深的印
象。也许他还可能借此一吐心中的苦恼以缓解心里的压力，或
者他真的需要你帮他一个忙。经过这样的交流，相信你们的
关系会更进一步，他一定会记住你对他的关爱并会对你格外
关注。

当然，"体贴话儿"也要适度说。说话的时候，一旦把
握不好体贴的"度"，就有可能造成不必要的误会，使得自
己处于尴尬的境地。因此，不能毫无顾忌、过分地表达关

心，尤其不能过于关注他的私生活和他的感情问题。超过了一定的度会让别人以为你在巴结老板或者和老板关系暧昧，这会给你自己带来许多不必要的麻烦。

那么如何才能既真诚地表达关心，又不让老板和同事误会你呢？关键还是要把握适度原则。

和女性老板相处时，对其饮食、作息时间多进行关怀照顾，体贴地建议她用餐，她就能感受到你的关怀。交换美容心得是女性之间增进亲密感的秘诀之一，不过这一手法不适用于女性老板和女下属之间。除非被咨询，否则不要向她陈述养颜的秘方。

当女性老板生病时，登门慰问倒不必。女性老板或许并不愿意向你展露她那种病弱的形象。因此，只要在适当的时候给她打电话表示问候即可。虽然都身为女性，但是别跟她交流柴米油盐。否则，她会觉得你可能是一个"半颗心犹留在家里"的上班族。

与男性老板相处的时候，更要注意分寸，若过分体贴，那只会让男性老板反感。有些女人比较"热心肠"，不但关心老板的工作，还关心老板的衣食起居。累了吗？吃饭了吗？如此等等。上班在关心，下了班还在关心。这样不被传绯闻都难。

对你的老板表现出适度的关心是应该的。但关心要适度，过度地关心就闹心了，特别是在男性老板感情脆弱，或者工作遭遇低谷之时。

现在的成功男人总是乐于展示他们贤夫良父的形象，你的男性老板也不例外。若他已经成为人父，你不妨在空闲时与他聊聊儿女的近况，总不会错的。

总之，身为女人体贴人是自己的长项，但是面对老板，一定要适时适度地说"体贴话"。掌握好体贴的"度"，就能让你和老板的关系变得和谐友善。

温和的语言可以化解危机

实践证明，化解一些矛盾和危机，有些时候温和的语言是一种最好的方法。会说话的女人往往可以善用温和的语言，打破人与人之间的冷漠壁垒，尽释前嫌。

温柔是人们，特别是女人的一种无形而强大的力量。对于灾难、仇隙、怨恨、盛怒和冷漠等，女人的温和柔软反而比粗暴刚硬更有力量。因此，如果我们欲使他人认同自己的意见，就必须先用温和的语言让对方相信你是他真诚的朋友。

那么，什么才算是温和的言语呢？温和的言语可以指说话的方式温和，即开口说话的时候，以温和、安详、委婉的语调和语气；也可以指所说的内容温和，即内容真实可靠、实事求是。可见温和的言语能够使人的心情趋于温和、愉悦，并且使人的思想积极向善，而不是引发嗔恨、不满和抱怨等痛苦的情绪。

姜敏是一个公司的销售主管，因一件不愉快的事件她去拜访一位客户。这位客户因一件产品的质量问题与自己公司的技术人员一言不合吵了起来。之后这位客户对姜敏公司的来人都抱有成见，双方积怨渐深。

姜敏初到客户家中，也受到了这位客户的"冷脸"，但是姜敏并没有回以激烈的言辞。她温和地对这位客户说："你好，我想和你好好谈谈，可以吗？如果这中间有什么误会的话，我相信，我们俩一定能一起愉快地解决。你不妨向我说说你的看法，看我有什么可以为你做的。"

试想，面对这样温和的态度和言辞，这位客户心中的怨气还能不得以化解吗？

美国前总统威尔逊曾这样说过："如果你握紧了拳头来见我，我可以明白无误地告诉你，我的拳头比你握得更紧。但如果你来我这里，对我说：'我想和你坐下来谈一谈，如果我们的意见相左，我们不妨想想看原因何在，问题主要的症结又是什么。'那么，我们不久就可看出，彼此的意见相距并不很远。即使是针对那些不同的见解，只要我们带着耐心，加上彼此的诚意，我们就可以更接近了。"

可见，如果一个人事先对你心存成见，那你就是找出所有逻辑、理由来，也未必能使他接受你的意见；如果再用强迫的手段，那他就更难以接受你的意见。但是如果我们和颜悦色，轻语温柔，就很容易使他同意你的看法。

反之，如果你不具备言语温和的素质，势必招来诸多的不顺心以及他人的怨恨。因此，在说服对方的时候，我们一定要调整自己的语言，用婉转友善的方式去诱导对方心服口服地同意我们的观点。

青年怀特在莱金店花了几百元假钞。结果女店员及时发现并按下警铃。惊慌失措的怀特一时不知如何是好，便抓了女店员当人质，要求离开，否则就杀了女店员。保安们和怀特双方对峙，陷入僵持。

几分钟后，一位谈判专家迪迪走到怀特面前说："听我说，首先让我们轻松一下好吗？把你的枪口移开几公分，我知道你已经保持这个姿势很久了，现在你的肌肉一定都有些僵硬了。你知道的，枪很容易走火。"

但怀特对警察保持着很强的戒备心，他在听到迪迪的话后，并没有放松下来。

迪迪继续说："我是谈判人员。保护人质安全才是我的职责，只要你能让人质安全，我会让你安全离开这里。"

"要知道，现在你不过是用了几张假币，就算被抓了，也没多大事，如果你一时失手，出了人命，那样会毁了你一辈子。"不知不觉中，青年持枪的手慢慢移下了几公分。

"我知道，我们都是生活在最底层的人，大家都非常不容易，包括你手里的人质，她如果收了假币就会被老板扣工资，甚至炒鱿鱼，不得已才报警的。"

"你看，你还这么年轻，比起被拘留几天，你一定不想一生在监狱里度过吧。你的父母、你的家人一定不希望看到你这样的。"

终于，怀特松开了人质，自己瘫在了地上。

但在生活中，有些人在说服别人的时候，总是喜欢用一种权威式的语气来命令别人，但是，这样恰恰激化了对方心里的逆反心理，除了对你的命令不屑，还会在心里产生记恨。大量的说服事例表明，粗暴的语言强化了对方本来就不该有的消极情绪，从而火上浇油，扩大了事态。而温和的言语则可以化解仇隙与怨恨，克制盛怒，抚平冷漠。所以，在说服别人时，即使对方是你的下属、学生，你都不要用高高在上、发号施令的语言。要知道，温和的语言才更有力量。

如果一个人言语温和，那他自己也会感到祥和与安乐，并且也会到处受到别人的欢迎和赞扬。聪明的女人要懂得利用一点温柔攻克难题，运用一些温和的语言化解怨恨，将自己塑造成一个言语温和的人。

巧妙地说服，让同情心为你帮忙

人们心中都有一颗同情心，因此，你在寻求他人帮助的时候，如果利用好这一点，通过你所处的境况博取对方的理解，就有可能激发他人的同情心帮你办事。

很多时候，人们都有过这样的经历，你托人去办事儿，对方虽然没说不办却常常拖着没办。此时你去找吧，对方又的确有着实际的困难；你若仅仅去说服对方抓紧时间帮你办事儿，很有可能将对方惹火，到那个时候，别说等了，你连等的机会都没有了。

如果你恰好也遇到这样的状况，那么，就应该运用巧妙的说服技巧，寻求对方理解，当然，这就要求你嘴巴上的功夫了得。

常女士是一家服装加工厂的厂长。工厂最近正忙着加工一些出口服装，但却因为缺少制作服装中用的丝线而停工，眼看着还有不到一周就要交货，但所缺的丝线要在4天后才能运到。到那时候，就算连夜赶工也赶不出来啊！对此全厂上下心急如焚，因为这个单子若是不能如期交货，就要赔付对方三倍罚款，那样的话，厂子就要面临解体，而解体后，那些靠着厂子吃饭的员工怎么办？本来厂子能够接到这样的单子就不容易，现在该如何是好呢？

常女士抓紧时间联系，希望能找到生产这种丝线最近的加工厂。结果还真找到有一家有这类丝线，但那边却说厂内的丝线已经被人预定了一两天就要出厂，常女士决定去那家厂子碰碰运气。

到了厂子，无论常女士怎么说，那家的厂长就一句话："抱歉，这笔货已经订出去了，你要的话，只能等到下个月了。"

正当常女士无计可施之时，她抬头看到厂长办公室内挂着的一些奖状，什么优秀员工、杰出员工，就问道："你也是从基层做起来的？"

厂长听到常女士的话，说："嗯，干了快40年了，一步一步混上来的。"

"我也是，真是不容易啊！我们做服装行业的员工都很辛苦啊，有的时候忙起来就是没日没夜的。"

"是啊，很累啊！"

"就是说啊，现在有份养家糊口的工作不容易。可是，现在我们这边找不到可用的丝线，一周后交不上货，估计厂子垮了，又有很多人失业呢！对了，厂长，这边要是需要人，到时候，我也可以推荐她们过来啊，都是有家有口的，我觉得对不住大伙儿！"

听着常女士的话，丝线厂的厂长深深吸了一口烟，可见，此时相同的经历在他的内心化作了一股深深的同情，说："厂子的人应该不少吧，你那工厂的实力应该不错啊！"

"但是这次的活儿是接的外国人的，不能按期交货就是3倍的赔偿款啊！厂子若是赔了，就得面临解体啊，我就是觉得对不住那些在厂子干了十几年甚至几十年的老员工啊！"

听了这话，厂长又抽了口烟，说："你们那边的丝线确定4天后到吗？"

"是的，你放心，我们会给你签订协议，有任何意外我们厂子都会承担。"

"那好吧，我让人跟你去办手续，这里的丝线你们就先用吧！"

由此可见，在找人办事时，激发对方的同情心是十分重要的。当你巧妙地点醒对方，触动他的心灵柔软地带的时候，再难办的事情也能办得成。

不过，你在激发对方责任感和理解的时候，一定要确定你所说事情的程度，不要说一些对方毫不感兴趣的事情。此外，也应对对方有一定的了解。

所有的成功都是由嘴来做总结的

实践证明，离开语言与沟通几乎所有的事情都是无法完成的，尽管有些问题是需要物质才能解决的，但离开正确的语言表述和决策，纯粹靠物质来解决的问题是不成立的，只有话说的到位，说到点子上事业才有成功的可能。

柴田和子，是日本保险推销员，世界顶尖的女销售员，她是通过站在客户的立场考虑利害关系，从而达到推销的目的。

有一次，柴田和子去拜访一位准客户，这位先生是汽车销售公司的部门经理，他觉得买保险是杞人忧天的懦夫所为。

柴田对这位经理说："先生，你是从事汽车销售工作的，一定熟悉交通情况吧，那请教你一个问题，你开车上班或兜风，是不是一路都是绿灯？"

"这个怎么可能呢？"

"那么遇到红灯，你会做什么？"

"停下来等待绿灯。"

"对呀，人生有高峰，也有低谷，有时黄灯，有时红灯，因此你也需要稍停脚步，重新认真思考一下自己的人生。你说对吗？"

这位经理频频点头，柴田看着经理，微笑着说："人生到处潜伏着无法预料的危机，每一个人总是认为自己会一路顺风。可是，为什么我们常常看到，道路旁堆着一辆辆撞得七零八碎、面目全非的肇事车辆？人生路上危机四伏，决不能掉以轻心。"

"但是请你理解，红灯是上天给我们的人生转折点。我现在为的是一点点微薄的佣金，却耗费如此长的时间跟你讲解。你买保险，我赚到佣金，我感谢你，但是将来理赔的保险金额却是支付给你的家人的，是你家人的福分。"

"你投不投保对我没什么关系，但是能否挑选一位有能力的保险营销人员来为你规划晚年生活，可是会影响着你的人生方向。因此，请让我为你规划终身保障。"

柴田和子的"红灯话术"最后打动了汽车销售经理，为自己和全家投了巨额的保险。

那么，在生活中女性朋友又应该如何利用口才和技巧去说服别人呢？说到底，还是一个"利"，但是，要说的至情至理，用恰当地语言表现出来。

1. 说明"不这么做"的后果，以利益来制约对方

"直陈后果，以利制人"的方法，就是直接告知被说服

者，不接受劝说，就会失去某种"利"，从而以一种强制性和不可抗拒性使对方接受。

2. 分析利弊，以提醒对方予以权衡

直陈后果固然可以强制人服从，但它只适用于那些比较顽固不化的人身上，对于大多数人来说，还是要通过主动听从说服者的意见使其心服。这就需要说服者从"利、害"两个方面阐明利弊得失，通过利与害的对比，清楚明白地分析出何为轻何为重，向被说服者指出如何做更有利、更易于被说服者接受合理的意见和主张。

3. 结合情理，以利动人

有时候，单纯的"利"难免给人以贪利庸俗之嫌，最好是在对被说服者利益尊重和认同的基础上，将利与理、情有机结合起来论事说理，说明利害。

著名体操运动员李宁在"退役"时面临很多的选择：广西体委副主任职位诱人；年薪百万美元的外国国家队教练；演艺界力邀李宁加盟；健力宝公司也有招募之意。

李宁举棋未定，于是健力宝公司总裁李经纬再次面见李宁。李经纬先谈起一个美国运动员退役后替一家鞋业公司做广告，赚钱后自己开公司，用自己的名字命名公司和鞋的牌子，最后获得成功的故事。

李宁听完后，若有所思。

接着，李经纬从李宁想办体操学校的理想入手，继续分

析："要是你想靠国家拨款资助，不是不可以，但许多事情不好解决。与其向国家伸手，不如自己开辟路子。我认为你最好先搞实业，就搞李宁牌运动服吧。赚了钱，有经济实力，别说你想办一所体操学校，就是办十所也不在话下。"这番话使李宁为之一动。

见时机已经成熟，李经纬提出："请你考虑一下，是不是到健力宝来？我相信只要我们携手合作，绝对不会是1+1=2这样简单的算术。从另一个角度说，就目前，恐怕也只有健力宝能帮助你实现这个理想。我那时创业，走了不少弯路，你不应该也不至于从零开始吧，那实在太难。你到健力宝来，我们是基于友情而合作，健力宝也需要你这样的人。"

面对李经纬的热情、诚恳和一次极好的发展机会，李宁终于决定到健力宝去。

李经纬劝说李宁时，突出地表现了对李宁切身利益的关注，论证了李宁到健力宝公司的有利性，同时又充分表现了朋友般的拳拳之情，非常有人情味，从而打动了李宁，也实现了自己的劝说目的。

第五章
会说话的女人魅力无限

对于每一位女性朋友来说，她们内心都有一种让人看到自己会产生心醉神迷的心理。而且，女人自身也的确拥有这样的魅力潜质，但所谓潜质是说这种迷人的魅力需要培养和发掘才能形成影响人的力量，这种力量可以是美貌、可以是形体、可以是干练、也可以是气质，但公认的女人最能长久影响人的却是女人优雅的谈吐，这种谈吐一经发出伴随而来的就是一连串的柔美、娇媚和风情种种，魅力不可阻挡。

优雅的谈吐会让自己平添几多风采

曾听说过许多男士朋友们谈过爱上妻子的过程，长相和打扮只是让他们初步觉得对方还可以，而真正让自己喜欢上妻子的原因是喜欢她说话，甚至可以说，恋爱的时候听她说话从吃过晚饭后开始，直至深夜也听不够，不愿意离去，可见谈吐优雅的魅力有多大。假如你是一个漂亮的女性，它将使你更加美丽；假如你是一个相貌平平的女性，也因此会增添光彩。

大多数成功的人都是能言善辩的，而不成功的人大多不怎么会说话。如果你学会了怎样说话，你就能成功。如果你觉得自己已经是一个成功的人，要是你比现在还能说，就会更加成功。

谈吐是人的风度、气质和女性美的组成部分。谈吐不仅指言谈的内容，而且包括言谈的方式、姿态、表情、速度、声调等。女性文雅的谈吐是学问、修养、聪明、才智的流露，是魅力的来源之一。与人交谈，既有思想的交流，又有感情上的沟通；任何语言贫乏、枯燥无味、粗俗浅薄，都会使人感到厌恶。如果女人的谈吐既有知识、趣味，又能用丰富的表情和优美的声音来表达，那将会达到意想不到的效果。

一个人如果只知道化妆打扮，而不懂得如何让自己的言谈举止得体优雅，就难免落得个虚有其表、令人讨嫌的下场。因此，全面提高自己的个人修养，使自己更富有个性魅力，则成为女性学习社交的重要一课。

言谈举止与人的性格有关，而影响一个人性格的许多因素是自己所无力控制的，这就意味着要使自己的言谈举止更具个性魅力，就必须下大力气去一步步磨炼自己。

言谈举止是一个人精神面貌的体现，一要开朗、热情，让人感觉随和亲切，平易近人，容易接触。

1. 声音柔美

人说话语气要亲切，言辞要得体，态度要落落大方，吸引人的谈话需要动听的声音。有些谈话虽然在内容上没有独到的、吸引人的地方，但说话人那动人的声音，却使人觉得是一种享受，女性的优美嗓音是很动人的。

2. 表情要诚挚专一

真诚的态度能唤起人们的信任，加深了解，增进友谊。虚情假意，装腔作势，夸夸其谈，外交辞令都会使人生厌，从而可能失去与对方交往的机会。一个很好的交际形象，目光应该是坦然的、亲切的、有神的，与此同时，还要作出积极反应，把自己的想法和感受通过点头、微笑、手势、神情、体态等方式随时表露出来。

3. 说话时要面带笑容

与人说话面带喜色或嘴角含笑是比较合宜的一种表情。与对方说话，面带微笑会使对方感到你与他的交往十分高兴，这无疑也会使对方在心理上感到轻松，进一步增进说话的融洽气氛。当然，笑也需要掌握分寸，区别时间与地点，否则就是一种失礼行为。

4. 说话时要注意节奏及轻重

说话声音不必太高，不能像跟人吵架似的，说话的语调要尽可能沉稳、亲切，这样会使对方觉得你待人真诚，也更容易收到较好的效果。

5. 说话要适时适当，抒情达意

社交中，谈话要有节制，达意抒情，不能令人生厌。因为说话可能表现出你的开朗、诚恳，也可能表现出你缺乏自制力，虚伪。女性的沉默有时也是一种交际语言，有时会收到意想不到的效果。

如果一个女人的说话水平符合了上述要求，相信，只闻其声，不见其人，许多人就已经喜欢上你了。

说话要讲技巧和分寸

俗话说：好马长在腿上，好汉长在嘴上，这意思是说，好口才是一个好男人的重要特征，当然，这也应该包括女人，一个女人长得漂亮，不如说得漂亮。说话水平能体现一个人的风度、气质，对于女人来说，良好的谈吐也是展现女性美的重要部分。谈吐不仅指言谈的内容，而且包括言谈的方式、姿态、表情、速度、声调等。女人文雅的谈吐是学问、修养、聪明、才智的流露，是魅力的来源之一。与人交谈，既有思想的交流，又有感情上的沟通。任何语言贫乏、枯燥无味、粗俗浅薄的人，都会使人感到乏味甚至厌恶。如果女人谈吐优雅、知识丰富，又能用恰当、生动的表情、肢体语言和优美的声音来表达，将会达到意想不到的效果。

一个聪明的女人在慢慢接触社会的过程中，谈吐和修养是最能征服他人的。因为漂亮经不起岁月流逝，如果一个女孩腹内空空，即使貌若天仙，珠光宝气，在他人眼中也只不过是装饰用的"花瓶"而已。

果尔达·梅厄是一位善于鼓动人心、吸引听众的演说家。传记作家拉尔夫·马丁在书中评述梅厄能在演讲时让听众感动得流泪，她的政治对手，戴维·本·古里安听了她在英国的讲演后说："我被她的大胆言辞所震惊，她的话语惊世骇俗，她口若悬河、坚定不移、言辞犀利、一针见血、有胆有识。"

玛格丽特·撒切尔在与人辩论和当众讲演时也有类似口才，她旁征博引，能深入浅出地表述出一种哲学性知识。撒切尔面对交锋决不退缩的精神，使她在国会中得到许多男士的支持，她以绝不屈服的斗争姿态进行争论。因而，撒切尔和果尔达·梅厄能被她们的政敌和朋友称为强硬的不妥协者，她们是意志坚强、口才极佳的女性。借助口才天赋达到了政界的顶峰。

当然，需要注意的是，同样是说话，有文雅、粗俗之分，恭敬有礼的话温暖人心，刻薄粗俗的话令人不悦。

一个女人说话是要讲技巧和分寸的。她所说的话是否有魅力，直接影响到她是否具有吸引力，也关系到她是否具有良好的人际关系。

因为，口才是决定一个人生活及事业优劣成败的最重要因素之一。曾有一位心理学家说过："在造就一个有教养的人的教育中，有一种训练是必不可少的，那就是优美而文雅的谈吐。谈话的精粗、优劣很能反映出一个女人的文化修养和道德水平，并对他人产生不同的心理效应，这是每个女人都不容忽视的。"

一个真正谈吐不凡的女人，是善于引导话题的，她就像一个领舞者，提出交谈的话题，却把发言权交给对方，并且在适当的时候能转移话题，使内容有所节制。

要知道，出言谨慎胜于雄辩，用得体的语言同他人交谈，比措辞优美和条理清晰更为重要。有句话叫做"言多必失"，说的话多了，自然犯错误的可能性也就大了。所以，应该力戒喋喋不休，要多动脑少动口，对于事情的考虑自然就更周全，说出来的话自然也就更加有分量了。

在日常生活中，我们不可避免地会与人有些意见和想法上的分歧。也许，你会比其他人的见解更独到，想法更好。但是，聪明的女人知道在争辩中没有必要总是做赢家，因为她们知道，人都是好面子的，争论中占了上风并不代表自己就真的比别人强，而且并不能给自己带来任何实质性的帮助。

谈吐自如，笑对群儒，巧舌如簧，女人的内涵需要通过谈吐才能体现出来。因为你的才干可以从谈吐之间充分地表露出来，从而使别人更加深刻地了解你，并且因此而产生对你的好感、信任感。

总之，一个拥有好口才的女人必须要同外界接触，了解社会、了解社会中的人，知己知彼，提高自身的社会实践能力。为达到良好的交往效果，必须重视说话能力的培养，在生活实践中不断总结、提高自己的语言交流艺术，这是你迈向友谊之门必不可少的一步。

舌绽莲花的女人更具怡人魅力

生活中，如果与一侃侃而谈，而又字字玑珠的女人坐在一起交谈，想必会让任何一个男士都会忘记回家吃饭的时间。

事实上，大多数成功的人都是能言善辩的，而不成功和不招人喜欢的人大多不怎么会说话。如果你学会了怎样说话，你就能成功。如果你觉得自己已经是一个成功的人，要是你比现在还精于表达，就会有更大的成功。

要让自己拥有舌绽莲花的本领，你必须具备以下能力：

1. 表现出足够的理解力

我们最喜欢和能理解我们的人说话，因为她们清楚地表达出不只关心你所说，也关心你的感觉。当你告诉别人说换了新工作，你希望对方会说："哦！棒极了！"而不只是一句："哦，真的吗？"

2. 培养足够强的幽默感

幽默感到处都受到欢迎，在谈话中自然也不例外。一条演说的"天条"是——别板着脸太久。不要介意开自己的玩笑，事实上，最擅长与人交谈的人往往常说关于自己的小笑话。

3. 练就一种特有的谈话风格

善于说话的人有一个重要特质，就是有独特的风格，而且沟通起来非常有效。建议你找出让你感到最自如的说话风格，然后好好地予以发挥。

4. 适时地倾听

倾听虽然没有发声，但它就整个谈话过程来说，它是谈话的一部分，适时地倾听也体现你的会说艺术。

下面是几位从事不同职业的女性对自己说话方式的定位。

杨女士是一位电视台节目主持人

她的性格属于外向型的，平常在说话的时候面部表情非常丰富。而且，适当手势不仅可以使整个人显得生动，而且让人感到容易接近，这让她在外出采访时很快地进入角色，将谈话带入到一定的氛围当中。她注意到，声音对于一个人的外在修饰是很重要的，却往往容易被人所忽视。所以她认为每个人都应该注重对自己声音的塑造，没有受过这方面训练也可以通过自己平时的观察和积累，逐渐找出适合自己的说话方式。

陈女士是一位职业经理

她平常说话语速比较慢，声音也比较柔和，最大的特点就是爱笑，朋友们都说她不说话好像也在笑。她在招聘公司的秘书小姐时一个重要条件就是语音要柔和亲切，不能有不良的说话习惯。因为秘书小姐在接客户的电话时，是通过语言与人打交道的，代表着公司的形象，丝毫马虎不得。她在培训公司的推销员时也特别强调，在向客户推销产品的时候，还要注意交流，观察客户是否在听你的介绍，如果发现对方没有跟上你的思路，就要及时调整语言。

孟女士是一位在校研究生

她的性格比较温和内向，说话办事都比别人慢半拍。大家对她的一个普遍的反映就是说话速度慢，而她却觉得这样说话更能把自己的意思表达清楚。学校里同学之间的关系比较简单，所以，同学们说话都比较直截了当，有什么说什么，不用有太多的顾虑。一次聚会，一位朋友因失恋而痛苦不堪，大家都在想办法劝解，可她觉得他不应该一味地陷在里面，就当着大家的面不客气地说了他几句。回来后，有年龄稍长的朋友好心地劝她以后说话不要太直。但她觉得是什么人就该说什么话，如果她现在突然变得老成持重起来，同学们肯定以为她受什么打击了。她喜欢现在的真诚和热情，但是这并不妨碍她今后根据环境的需要调整自己。

由此可见，不管你是从事哪一行业，只要你具备一种舌绽莲花的嘴上功夫，到哪都能吸引人的眼球。

女人用语言展示魅力是最廉价的选择

女人要展示自己的魅力有许多种方法，包括美容、着装或刻意地去做一些肢体动作，这些方法都费钱、费心思，但要培养和修练一口好口才达到增强魅力的话，却是付出代价最小，效果又最明显。但要注意：

组成说话魅力的内容是十分广泛的，你所说的内容，你说话时的选词造句，你说话的语气、语调，你说话时的身姿、手势、表情等，诸如此类的种种因素都可以反映出你说话是否有魅力。

女人怎样才能通过说话来展示自己的魅力呢？最要紧的就是要学会说话，即掌握好各种说话的技巧和艺术。

1. 恰到好处地使用文明词语

比如："谢谢"这个词，会使你产生意想不到的魅力。但你说"谢"字必须是诚心诚意，并要让人感觉到这一点。道谢时要指名道姓并且直截了当，不要含糊不清，也不要不好意思。要养成找机会感谢别人的习惯，尤其当别人没有想到时，一句出人意料的真心的感谢，会让人满心欢喜的。但要注意千万不要虚假客套，那样别人会感觉得出来，并且觉得不舒服。

2. 尽可能多地赞美他人

赞美和鼓励会使别人对你满怀好感和谢意。当然，吹捧和奉承是会令人反感的。与别人谈话要使双方都感到愉悦，这样的谈话才有可能很好地继续下去。

3. 艺术地表达不同意见

千万不要认为只有自己最伟大、最高明，当然也不要心里有意见也不说或人云亦云。要诚恳地表达自己的看法，同时又不得罪人。这就要求你说话要温和委婉，尽量不要触怒对方，给对方足够的面子，同时也让他明白你的想法。

4. 认真地听别人讲话

一个会说话的人往往也是一个高明的听众，对方才会愿意把你当作知心朋友，愿意向你吐露心声。而一个自高自大、目中无人的人，是不会受欢迎的。

5. 善用身体语言

你的表情、手势甚至无意中的动作，都会对别人产生作用，你要注意到这一点并加以适当运用。一种表情、一个姿势、一声叹息等，会说话的人常常会用来代替难以说出的话或弥补语言的不足，表达难以言状的情感。但要注意恰到好处，过分了就成了矫揉造作、自作多情，那会让人厌恶。

6. 说话简洁高雅

不要讲让人难懂的词，不要滥用术语，不要说自己也不懂的话，同样的言词不可用得太频繁，不要乱用流行语和口头禅，不要讲粗俗的话。你要尽量使用适合对方的话，尽量使用能使对方感觉轻松愉悦的话，尽量简明扼要地表达自己的意思。如果你在说话时能措辞简洁、生动、高雅又贴切，那么你就会成为一个说话好手、交际明星。

7. 巧妙地避开谈别人的短处

人群相聚，难免要找话题闲聊，天上的星河、地上的花草、昨天的消息、今日的新闻，往往都是绝好的谈话材料，何必非要东家长西家短地无事生非呢？

8. 开玩笑不过头，要适可而止

不是说相熟的朋友在一起不可以开玩笑，但在开玩笑前，先要注意你所选择的人是否能接受得起你所开的玩笑，而且普通开玩笑，说几句就罢了，不要无休无止，不可令对方难堪。因为开了一句玩笑而让大家不欢而散的话，那就没什么意思了。

相信，每个女人都想让自己具有吸引人的魅力，但有的人或许认为女人只有具备美丽的脸蛋、漂亮的身姿才具魅力，这就错了，人们所欣赏的魅力是要具备情感和思想的，这只有语言才具备。

女人因经过修饰的语言而增添光彩

播音员的声音为什么会比平常人的声音好听，因为他们多数是广播学院毕业的，这就为语言和声音是可以修炼和修饰的提供了理论上的依据。说话艺术是可以后天培养的，而在与人交往时，给人的第一印象除了举止仪态之外，那便是声音了。一个人的声音好不好听，在人际交往中有着举足轻重的作用。

有人说，在决定第一印象的要素中，仪表与声音可以各占一半。因为只有开口说话，就能决定他人对你的真正印象。如果一个女人的外表举止很美，说话的声音也很美，那就等于在交往上长了两只翅膀，会更加充满感染力。

要使自己的声音有吸引力、让人耐听，就要注意适当"包装"你的声音，塑造出声音的美。同样的话，从不同人的口中说出，其效果可能就大不一样。

此外，说话与发声是门艺术，除讲究抑、扬、顿、挫之外，还要求速度适中、强弱得当、高低和谐、感情丰富、转折自然等。

女性好声音的修饰重在三个方面，即节奏感、音量、说话的速度。

要注意音调的高低变化。有的人讲话习惯于保持同一个音调，时间长了，就会使听的人昏昏欲睡，打不起精神，达不到讲话的表达目的。这样再精彩的内容也不会引人注意，也不利于交往。

注意口齿清楚，不要有太多的尾音，每个音节之间要有恰当的停顿。太大的声音会让人反感，以为你在那里装腔作势；音量太小会使人听不清楚，让人误以为怯懦。一般来讲，要根据听者的远近，适当控制自己的音量，最好控制在对方听得见的限度内。

说话速度不要太快或太慢，应追求一种有快有慢的音乐感。在主要的词句上放慢速度作强调，在一般的内容上稍微加快变化。无变化的声音是单调的，如同催眠曲，令人进入精神抑制状态。说话的音量和音调也应随着内容和情绪的变换而变换，时而侃侃而谈，如淙淙流水；时而慷慨激昂，似奔泻的瀑布。在不同声音段里，要有高潮、有舒缓、有喜忧，才能引人入胜，扣人心弦。诸如巧妙地利用嗓音来加强语言效果，这是演说家的秘诀。优美的嗓音富有磁性，具有声乐感，能使人一开口就吸引住对方。

至于声音，除了技术性的修饰之外，重要的在于内在感情的、个性色彩。

现代人讲究男女平等，男女之间应该是平等式交流。有的认为淑女应该轻启樱唇。说话轻声细语，忌张大嘴巴。有人遮着嘴巴说话、故作矜持，都是不可取的，某些不符合现代观念的古老礼仪应当摒弃。

人的声音虽说是先天的，但也离不开后天的培养与修饰。要修正自己说话习惯并不容易，这需要不断学习。有人在练习说话时，把自己的声音录下来，请他人客观地提出意见、指出问题所在。然后，听一听周围说话动听的人是怎样控制声音的。还有一个最好的蓝本，就是新闻播音员、电台主持人或明星的说话，因其经过专门训练，其语速快慢、音调高低、音量大小就恰到好处。当然，这并不要求说话的方式与他们一模一样，恰恰相反，需要在讲话中逐步形成自己特有的风格。比如有些人盲目模仿港台明星们说话，极不自然，令人反感。所以在练习说话时，应力求找到一种既适合自己又使人动听的语言表达方式。这样通过包装声音，就会使你的整个形象得到提升。

女人的好声音是吸引他人的一道风景

在社交场上或职场上，有些女士之所以特别吸引人，不只是因为她们是名人、名星，只是因为她们声音好听，这种声音具有很强的穿透力，可以吸引别人的关注，并使之受到众人的欢迎。

温柔的语言，亲切的态度，婉转的音调，平和的旋律加在一起，往往能让一个相貌平凡的女人变得异常有女人味，使其魅力倍增。这样的女人，即使无情的岁月让她变老，其魅力也不会随之降低。因此，女人应该尽量让自己的声音变得甜美，这样才能体现出你的温柔性情。天生一副好嗓子自然是你的福分，如果嗓音天生不优美也不用着急，你可以慢慢地进行训练，就像姣好的身材需要训练一样，甜美的声音也是可以通过训练达到的。这样做的结果是，不仅能增加你的自信而且能够改变你的命运。

声音，对人而言，一直有着奇妙又神奇的力量，尤其对女人而言，是裸露的灵魂。女人的可爱表现在三个方面：声音、形象和性情。

但是在实际生活中人们——不管是男人还是女人往往注意到的只有后两点，其实声音在女人的可爱之中占有的分量绝对是很重的。

女人的声音往往比她的形象更重要，一个人的眼睛累了可以闭上休息或者转看他处，但是在正常的情况下很少有人会捂住耳朵去避免听到一个声音。

女人的声音常常比思想重要。一个声音好听的女人，很容易被周围的人接受，即使她很幼稚，别人也会说她纯洁。相反，如果一个女人声音难听，尽管她很有头脑，也难令人有好感。当然，如果一个女人声音难听又没有头脑，那就是非常悲哀的事情了。

你或许认为声音是天生的，由不得自己，这种观点是错误的。声音可以变美或者变丑，关键在于你怎样把握和驾驭。人的声音具有组合的能力，人能够在不同的环境中变换不同的语气、音频、音色和音量，播音员就是要经过这种训练的。

著名歌星邓丽君祖籍河北，生于台湾。13 岁参加金马奖唱片公司歌唱比赛，便以《采红菱》夺得冠军。随后签约宇宙唱片公司，开始歌唱生涯。其甜美声线加上清纯的外表迷倒万千歌迷，风靡港台大陆及东南亚、日本、美国等地。1981 年参加"香港第五届金唱片颁奖礼"，她的五张个人大碟同时获白金唱片，破历届金唱片纪录。邓丽君几乎成为 20 世纪 80 年代华人族群中一个不可磨灭的集体回忆。她甜美的声音征服了国内外不同年龄段的歌迷，她温柔、纯净的声音让人着迷。

女人的声音可以征服一切，但却有很多的女人不知道声音对她自己有这么大的作用。有时，面对美丽的女子，人们往往会觉得高不可攀，会自卑。但是，面对一个撒娇或甜美

的声音，人们会去"怜惜"这个"弱女子"。通常，女人的
声音会给人们带来特别深刻的记忆，深刻到可以穿透灵魂。

世上无论是男人还是女人，都不会喜欢说话粗俗、野蛮
的女人，更不喜欢像男人一样毫无女人味的女人。以柔克刚
是温柔的最高境界，温柔的女人决不会一遇到不顺心的事情
就火冒三丈、声音如雷。面对别人的气急败坏，她会报以甜
甜的微笑或投以恬静的目光；她还会用温柔的声音安抚别人
的情绪。一个女人如果达到了这种境界，即使是百炼的钢铁
也能被她化成绕指柔。

女人甜美的声音让人听得心里舒服，拉近了人与人之间
的距离。让人觉得亲切，并为之沉醉。这样的女人才能很好
地融入群体之中，才能过得快乐。

女人幽默更别具风采

幽默的体现和前提是氛围，因而，制造幽默的主体更多
的是男士。如果女性也具幽默感，无疑会让她更别具风采。

爱尔兰作家肖伯纳说："幽默是一种元素，它既不是化
合物，更不是成品。"美国幽默大师卓别林说："所谓幽默，
就是我们在看来是正常的行为中觉察出来的细微差别，换句
话说：通过幽默，我们在貌似追逐正常的现象中看出了不正
常的现象。"

　　幽默显示了一种自尊优越的人格力量和旷达的心绪。而幽默之于女人，则显露了她的睿智与才华；展示了她的风采与魅力，幽默是女人心灵的光辉与智慧，是女性心灵的处方。

　　一个女人，才华出众，气质高雅，美貌过人，聪明可爱，那就不能不幽默。

　　杨澜在主持"正大综艺"时，语言犀利风趣又不乏幽默，很受观众好评。一次，她的搭档夸张地说："一提到位于北极圈的加拿大，身上就会冷得直打哆嗦。"这时，杨澜接过话头，进一步形象、具体地说："我也听说，有那么两位加拿大人在室外说话，因为那里的天气冷得出奇，话一出口就冻成了冰碴儿，所以要很快地用手接住，至于要想听到他们说的是什么，就要进屋用火烤后才能听见……"

　　听到此，观众禁不住捧腹大笑，而演播室内的气氛则更加活跃与轻松。可见，杨澜的幽默谈吐，是她丰富的知识，敏捷的才思的充分体现。

　　在一次"香港小姐"的竞赛中，主考官向其中一位参赛选手问了一个特别的问题："你嫁人的时候，只能在两个人之中选一个，这两个人一个是肖邦，一个是希特勒，你选择谁？"对这个问题选手爽快地回答主考官说："我愿意嫁给希特勒。"她的回答令全场愕然。这位小姐接着说："假如我嫁给他，也许就不会发生第二次世界大战。"满堂为之喝彩，该选择一举夺魁。

很显然，幽默并不是讲低级笑话，它是一种生活智慧，是经历了动荡和挫折，是享受过富贵与排场之后，依然保持的一种达观、积极、决不轻言放弃的人生态度。既不自怜自悯也不妄自菲薄，现代女性的魅力往往因此而生。

在平淡的生活中，女人承受着来自于方方面面的压力，难免会时常抱怨，这也是女性缓解压力的一种方式。所以，生活的小细节中，女人更要幽默。

陈女士是一个小公司的职员，一天，因临时加班，她回家晚了，老公已经休息了。他在桌子上发现了一张纸条，上面写道："饭菜在厨房的微波炉里，饮料在冰箱里"虽然劳累了一整天，但这位妻子在看到丈夫的留言后，露出了笑意，她提笔在纸上加了一句："我的老公在床上。"也许任由多少貌美如花的女子说出多少甜言蜜语也不及这样的幽默。

女人的幽默，体现了一种勇敢与自嘲的精神，是大都市特立独行女子的代表。一个懂得幽默的女人，她不一定美丽，但却是聪明的，善解人意的。这样的女人喜爱生活，懂得用自己的方式面对难解之情，用微笑放松自己。她们既没有"储存快乐、过时作废"的担忧，也没有"怨艾郁积、累累成愁"的隐患，她们之所以招人喜爱，是因为她们懂得生活，懂得彰显自己的风采。

第六章
会说话的女人在职场上游刃有余

老资格的职业人都知道，在职场上游刃有余并非都是具有较高职务或职业技能的人员，而是谙熟处世之道、特别会说话的人。因为在职场中，就是与人在为一个共同的目标而进行的协作行为，而协作成功的关键在于有效的沟通，会说话的女人能很好地完成与上级、同事和客户的交流并取得对方的认可，使得她们在职场中能获得比其他人更多的支持和帮助。

养成说"活分话"的习惯

说"活分话"是说在就某事发表意见和评判时，不说绝对话，不做不可更改的死定论，而是留有余地。

把话说得太绝、太死，是在断绝自己的后路，没有好结果。有些人为了强调自己说话的内容，喜欢用"绝对"、"一定"、"肯定"这些带有强烈感情色彩的词语。结果，一旦发现自己的话并不可靠，想要挽救却已经来不及。而世上没有后悔药可买，说出去的话就像泼出去的水，是无论如何也收不回来的，只能眼睁睁地看着自己栽跟头，得罪人。还有些人说起话来愿意用恶毒的词儿，尤其是生气的时候，更是什么不好听说什么，只顾恶语连珠，却不考虑事后该怎么办。最终，只得闹个鱼死网破，连道歉或挽回的余地也没有。

有一位女士与男友吵架，两个人为一点儿鸡毛蒜皮的小事互不相让。这原本是许多情侣间都会发生的矛盾，脾气发过了，两个人消了气，仍然和好如初。可这位女士一时间发了狠话，将男友逼到了绝境。无奈之下，男友只好选择离开，从此再也没有回头。等气消了，这位女士才回过神儿来，后悔自己把话说得太绝，竟失去了任何补救的可能。为了几句不着边际的话，就可能错过一个喜欢自己、适合自己的人，多划不来啊。

也许有人会想，我就遇到过好几次这样的事，后来都及时挽回，消除了误会。可你敢保证下一次还能挽回吗？那些狠话就像一把刀子，句句都剜在对方的心上，而每个人的忍耐都是有限度的，超过了极限就会破碎。所以明智的女人不会让自己养成如此说话的习惯，她们会控制自己的情绪，并恰当地选择措辞。即使生气昏了头，也只说当前，就事论事，不说其他。

如果说家人之间、好友之间和情侣之间还有原谅的余地，那么换在职场上，这些话就真的会让你没有退路。

小玲与同事小朱同在一个办公室工作，小玲爱干净，生活有条理，也没有什么不良嗜好。可两人一起工作不到半年，就发生了矛盾。原因就是小朱生活很随意，用过的工具或资料也不能归位，随便一放，也不太注意卫生，时间短了，小玲还能容忍，可时间一长，她就受不了了。在又一次小朱用过剪刀没放回原处时，小玲就很刻薄地说了小朱一句，"如果你是位男士的话，这事也没什么，而你是女人，这样你还能嫁出去吗？"这话激怒了小朱，两人都去找领导，要求与对方分开办公室，而领导却将她们两人双双辞退。

同事相处，要相互容忍，但凡拥有几分度量的人，都不会对别人说出过激的话。那种喜欢将话说得绝对的人多半是没有多大自信，只能通过夸大的说话方式来证明自己。那么，是不是只要不说毒话、狠话就算修成正果了呢？其实，很多时候，我们在工作中也不能把话说得太死。

在职场中打拼的人大都会说些场面话、恭维话、敷衍话，也必然处处小心谨慎，生怕说了不该说的事，答应了不该答应的人。可有时候还是会不经意地说出没有分寸的话，或者在别人的诱导下，答应了自己办不到的事。

在公司的例会上，大家商讨新产品的宣传方案。你刚好对自己的方案特别自信，并且经过观察，你发现自己的方案是所有与会者中最好的，但决策者却迟迟不肯表达看法，其他人也没有表示欣赏的意思。这时，你会不会急于求成地说出诸如"这已经是最好的了"、"你们倒是说说看，还有什么其他更好的方案吗"之类的傻话？

某个同事以朋友为名，要求你帮她处理某项工作，而这项工作不仅令人头痛，很可能连你也无法圆满解决。你本想婉言拒绝这桩差事，可是朋友说"你先看看吧"、"你就试试吧"之类模棱两可的话，你还会忍心拒绝吗？可如果你没能拒绝，她很可能会在你答应"看看"、"试试"之后再追加一句"我等你的好消息"，于是你就在不知不觉中揽下了一桩棘手的差事。假如你不能按时完成，就会背上"说话不算话"的罪名。

工作中会有许多类似的情况发生，令人防不胜防。想要避免在不恰当的时候说出傻话或掉进别人的陷阱，就要在回答之前多给自己一些思考的时间，不要让傻话脱口而出。想清楚事情的来龙去脉与利害关系，就不难做出正确的判断了。

俗话说，天有不测风云，人有旦夕祸福。无论你多么肯定一件事情的结果，但事情不会以你的意志为转移，时过境迁，你认为说过的正确的话，很可能就是一句不该说的话。

注意不要因说话而伤害他人的自尊

一个女人的在职场中的交际能力可以从她的谈话中体现出来。如果在这上面修养不够，最好是少开口为妙，说了他人不爱听的话等于白说，再一不小心伤了他人的自尊，那就更不值了。

应该说，一位初入职场的女性宜少说多听，宜小心不宜大意，要出口以前，先得想想，站在对方的立场想想，他愿意听的话，才出之于口，他不愿听的话，还是不说、少说为妙。

李丽小姐，是一位食品包装的推销员，她的第一份工作是一项新产品的市场测试。她第一次工作，当测试结果回来时，出现了不少差错，更糟的是，在下次开会提出这次计划的报告之前，她没有时间去跟老板讨论。

轮到她报告时，她真是怕得发抖。虽然尽了全力不使自己精神崩溃，而且告诫自己决不能哭，不能让那些以为女人太情绪化而无法担任行政业务的人找到借口。她的报告很简短，只说工作中发生了一个错误。但在下次会议前，会重新再研究。

她坐下后，心想老板定会批评她一顿。

但是，老板却说谢谢她的工作，并强调在一个新计划中犯错并不稀奇。而且他有信心，第二次市场测试会更确实，对公司更有意义。

散会之后，李丽下定决心，决不会再一次让老板失望。

李丽果真没有让老板失望，并且从这件事情上获得了巨大的信心，工作中也取得了很大的进展。

说话所起的反应，可有几种，而最坏的反应，则是创痛之味。言谈之中，令人回味，对方自然而然产生隽永的反应；热情洋溢，句句打人心坎，对方就会产生甜蜜的反应；激昂慷慨，讲出别人所不敢的语言，对方就会产生辛辣的反应；知无不言，言无不尽，对方不由产生爽脆的反应；谈闻所未闻新奇之事，对方会产生新奇的反应；陈义晦塞，言辞拙讷，对方会产生苦涩的反应；一味诉苦，到处乞怜，对方会产生寒酸的反应，口放利箭，伤人为快，伤人越深，越以为快，对方会产生创痛的反应；能得隽永反应者为上，能得甜蜜反应者为次，能得爽脆反应者又次，能得辛辣反应者再次，得到新奇的反应，苦涩的反应，寒酸的反应的话都是下等，而得到创痛反应的话，就更是大反人情了。

但是说话尖刻的人，未尝不自知其伤人，而乃以伤人为快，这是什么道理呢？这完全是心理的病态，而心理之所以有这样的病态，也自有其根源，是后天性的，不是先天性的。换句话说，这是环境逼他走入歧途。

假如你的身上有这样的毛病，你一定要明白这种病的危险，不去医好，结果必是众叛亲离，不要说在社会上，只有失败不会成功，即使在家庭，亲如父兄妻子，也无法水乳交融。不过父兄妻子，关系太密切，即使无法容忍，仍会宽容以待，社会上的人，就绝不会对你这么宽厚。必以眼还眼，以牙还牙，总有一天，你会成为众矢之的。因此，说话尖刻，足以伤人情，伤人情的最终结果，却是伤了自己。

不可否认，人都有不平之气，对方说的话，你觉得不入耳，不妨充耳不闻，对方的行为，你觉得不顺眼，不妨视而不见，何必过分认真，定要报以尖刻的话，伤及他人自尊。

实话不一定非要实说

快言快语、实话实说胜过虚伪狡诈和说假话，但有时在处理人际关系时也有它的短处，也就是说，实话巧说，才是会说话。

　　真诚是做人最大的优点，但这个优点会使女人在向自己身边的亲人、朋友、同事提出忠告和建议的时候，语气过于生硬，责备多于劝慰，不仅不能给他人提供帮助，反而易让自己陷入尴尬的境地。而聪明的女人则不会如此，她们懂得"忠言不必逆耳"的道理，知道恰如其分地去与他人沟通。

　　王娜是个马大哈，经常丢东西，这一天又把新买不到三个月的手机丢了。好朋友文文一听，马上就叫起来："你瞧你瞧，我说什么来着，这叫'不听老人言，吃亏在眼前！'我跟你说过多少回了，要小心小心再小心，仔细仔细再仔细，连自己的东西都保管不好，你还能干什么呀！""够了！你别说了！"王娜气呼呼地打断文文的话，"丢了就丢了，我丢东西我乐意，你管得着吗？"王娜真的生气了。

　　文文本来是一番好意，可是她的语气过于生硬，责备多于劝慰，使原本就很沮丧的王娜更加难受，因而闹得不欢而散。

　　在过去，人们曾把快言快语、直来直去当作人性中一种很美好的品质，然而，对于会说话的女人来说，直言直语却往往是个大忌。在与人相处的过程中，说话隐晦一点既能给自己留更多余地，也能避免冲突。

　　在一次公司的聚会上，史女士身形很胖，又穿了一件紧身连衣裙，整个人看上去就像一个圆桶。同事赵丹看了还是说这裙子穿在史女士身上真的很协调，像个十足的富太太。可张女士却说了一句，一件好裙子可你穿糟贱了，这让史女士很是不快。

其实，张女士也不是想讽刺人。她平时待人非常热情，别人有个大事小情，她都帮忙。可就是不太会说话。

其实，张女士的话也没什么错，但大庭广众之下，谁愿意别人揭自己的短。大家都知道，苦涩的药丸，外面大多裹着糖衣，使人先感到甜味，容易一口吞下肚子去。于是，药物进入胃肠，药性发生效用，疾病也就好了。聪明的女人要对人说规劝的话，在未说之前，会先摸清对方的心理，使其先尝一些甜头，然后再反应真实的意见，这样对方才容易接受。

唐太宗重用魏征，以人为镜，开创了贞观之治的太平盛世，堪称善于纳谏的典范。但是魏征的犯颜直谏有时也让他很难堪。一次，唐太宗要去郊外狩猎，魏征进言道："眼下时值仲春，万物萌生，禽兽哺幼，不宜狩猎，还请陛下返宫。"唐太宗兴趣正浓，坚持去狩猎。魏征就站在路中央，坚决拦住去路。唐太宗怒气冲冲地返回宫中，见到皇后，忿忿地说："总有一天一定要杀掉魏征这个乡巴佬，才能泄我心头之恨。"皇后问明了缘由，也没说什么，只悄悄地回到内室穿戴上礼服，然后神情庄重地来到唐太宗面前，叩首下拜，口中称："恭祝陛下！"唐太宗惊奇地问："何事如此慎重。"皇后回答："妾闻主明才有臣直，今魏征直，由此可见陛下明，妾故恭祝陛下。"唐太宗马上明白了皇后的深意，于是转怒为喜，打消了惩治魏征的念头。

众所周知，魏征是中国历史上赫赫有名的谏臣，他的一片忠心，自是无可非议，不过他所用的方法实在值得商榷。要不是唐太宗宽宏大量，又有皇后那样的贤内助，像他那样冒冒失失拦住皇帝的去路，有十个脑袋也保不住。相比之下，皇后的劝谏方法则高明得多。她没有直接替魏征求情，而是换一个角度来劝谏，从臣子的刚直与君主的开明之间的密切关系入手，来说明正直敢言的忠臣的重要性，所以能说服皇帝，并令他龙颜大悦。

可见，同样是忠言，顺耳的话比逆耳的话更能让人接受，正如甜药比苦药更容易入口一样。因此，会说话的女人向别人提出忠告时，应尽量避免用逆耳的话刺人、伤人，而应尽可能把它转化成顺耳之言，因为这样往往可以获得更好的效果。

古语说："良药苦口利于病，忠言逆耳利于行。"对于接受忠告的一方来说，这固然是至理名言，但对于提出忠告的一方来说，却有所不宜。因为人们大都乐意听好话，听别人赞美自己的长处和优点，而不愿意听别人直说自己的短处和缺点，真正能听得进逆耳忠言的人并不多。所以，会办事的女人在提出忠告时一定要讲究方式方法。毕竟，忠告再有价值，如果对方不接受，也是枉然。如果我们不论对象、不分场合、不选时机、不讲方法做事，那么非但不能起到应有的帮助，反而会让对方产生反感，甚至引发矛盾与冲突。

职场关系因语言而改变

在职场中，因为竞争激烈，有时身在同一办公室的同事之间好象也有隔阂，其实，这种紧张沉闷的气氛是可以用语言来改变的。

在办公室里对同事多说几句关心和赞美的话，不仅能够调节办公室气氛，让大家更和谐相处，而且——重要的是，这也是个人职场素养的体现，会为你的人际加分，自然会加快你的事业行进速度。

语言就像一个魔术师，好听的话说出来会让对方冷漠的脸泛起红晕。尤其是女性，甜美的笑容，加上关心、赞美的甜言蜜语，让同事如何不能对你展开笑颜。甜言蜜语是气氛的调节剂，是办公室人际关系的磨合剂，是女性解决办公室难题的小技巧。话语甜死人不偿命，职场女性要想纵横职场所向披靡，会说话是一项很重要的职场生存技能。

有一位女士介绍她的办公室氛围时如是说：

有可能是性格，又有可能是确实没时间一起热热闹闹地聊天吧，办公室的气氛始终都很冷淡。而且年前，公司高层下达文件说，年后可能要裁员，要置换一批新鲜的"血液"进来，这种类似于警告的话，让办公室成员彼此之间的戒心增强了。到了年后，办公室走掉了两个人，其余的人都战战兢兢，祈祷千万不要把自己裁掉。

还好，之后一直风平浪静。有一天，办公室新来了一个女孩子，没想到，她的出现让办公室以往毫无生气的氛围一下子改变了。她来的第一天，站在格子间中央就开始说话："嗨，你们好，我叫杨扬！这是我第一天上班，我很笨的，希望以后大家都帮助我。"甜甜的声音，同事们都笑了。还哗啦啦鼓起掌来。我则轻轻一笑，有点不屑，感觉她有点虚伪。

中午同事小徐叫我一起去吃饭，杨扬听到了赶紧站起来："两位美女，把我也带上吧！"小徐一笑，杨扬就跑过来挽住我俩的胳膊，亲热得不得了。我跟小徐被这样的热情搞得很不自在，彼此都不说话了。杨扬突然对我说："你这个手表真漂亮，戴上好有气质啊！"

我愣了一下，这块表是男朋友送我的，也算是很名贵的，戴在胳膊上从来没有哪个同事注意过。我微微一笑，说："男朋友送的。"她答话："他真有眼光，表带的颜色很衬你皮肤。"那个午饭，是我在上班时期吃过的最有胃口的一顿饭。

办公室有一位帅哥，平日里喜欢打扮，穿的衣服隔两天就是一套。面对这样的事，我们都习以为常，而且也从来没有同事因为他哪天穿得帅而赞美的。杨扬是第一个。那天上午，帅哥穿了一件黄色的T恤，杨扬便说："这件黄色T恤真漂亮，我发现你很会穿衣服噢，色彩搭配的都很协调。"帅哥似乎受宠若惊，给杨扬一个友好的微笑。

　　一天下午，同事小燕伏在桌子上，似乎很痛苦，杨扬跑过去，关切地问："你是不是不舒服？"小燕说她肚子痛。听到这，扬扬马上跑回自己办公桌拿了一包药，给小燕泡好说："把这个喝了吧，我每个月都喝，很管用的。"

　　就这样，办公室的气氛悄悄发生改变。下班时，大家开始相互道别。上班时间，在疲惫工作时会有人偶尔说几句俏皮话。中午休息时间，大家也有说有笑的。而我，这个内向了这么久的人，也开始加入他们的行列，说一些八卦新闻。

　　把赞美、关怀的话说出口，用"甜言蜜语"能够获得同事的感情说话本身是一门艺术，说点儿赞美和关心的话，一定会让别人听起来舒服、轻松、愉快，而且拉近了与对方的距离。而平时似乎各有戒心的同事也会因为这些"甜言蜜语"变得愿意和你多沟通、多来往，从而改善了你们之间沉闷的气氛，为你们工作中的团结协作打下坚实基础。

　　语言是最廉价的东西，因为你的大方，却能变得最珍贵。把你关心和赞美的话，大方赠给同事，任何不和谐的关系都会逐渐温和起来。

　　找人帮忙时，可以这样说："我知道你做表格做得很好，我想学怎么都学不会，脑子太笨了。你帮我把这个做了，改天你教教我吧。"遇到领导布置任务时，可以当着小张的面说："我觉得我这方面业务还不是很熟悉，小张更熟悉这个客户，而且对业务流程非常精通，您交给他吧，我想跟他学学。"

看到哪个同事脸色不太好时，可以主动上前询问："不舒服吗？我那里有感冒药。"或者："你不舒服就不要去餐厅了，我帮你带饭吧。"

只要一句真心的提醒、一句发自肺腑的关心、一句真诚的赞美，人与人之间的关系瞬间和谐。而且，女性本质上是比较感性的，在说这些话时更显得真诚，不造作。所以，成为办公室人人都喜欢的人很简单，只要拿好你的语言武器。

掌握职场上的称呼学问

生活中如何称呼对方，是非常有讲究的一件事。称呼的合适，对方会很高兴，称呼的不对，对方尽管嘴上没说什么，心里会对你有老大的不快。

在职场，称呼更显得尤为重要。称呼用得好，可以使对方感到亲切，给别人留下一个良好的印象。反之，如果称呼不得体，往往会引起对方的不快甚至恼怒，使双方的交流陷入尴尬的境地，导致交流不畅甚至中断。懂得恰当称呼别人的女人，在职场上才不会招来不满。

在职场，身份、辈分如雷区，称谓稍有差池越雷池一步，那么人际关系说不定就瞬间紧张。尤其是在如今这个网络社会，年轻女性中间流行一些网络称谓，她们也把这种称谓带到了办公室。新入职的，见人就喊"姐姐"，仗着自己年龄小，直接把办公室前辈的年龄喊老；看到男同事，不管年龄大小，通通都是"哥哥"，让人感觉是在韩剧里；嘴甜的，一口一个"亲爱的"，喊得特自然却让人浑身起鸡皮疙瘩。可见，小小的办公室称谓，却能折射出人的情感亲疏、世态人情，的确是一门大学问。

刚20岁的马燕是一家外贸公司的前台，作为前台，扮演的最重要的角色就是接待员，是公司与外界联系的第一道窗口。她深深明白这个道理。

这天，公司来了一位老太太，穿着非常职业。老板没有打招呼，应该是预约来公司谈生意的客户。马燕立即展开了笑脸，她甜甜地叫："奶奶，您是找我们老板吗？"老太太原本微笑的脸突然暗沉了，她看了一眼马燕，说了句，哪来的"愣头青"，马燕很是惊讶，这老太太怎么还骂人呢？但她仍给老太太倒了一杯水，陪着笑脸说："奶奶啊，我们老板出去了，可能下午才回来。"老太太脸色更阴了，把水杯推开，转身就走了。

老板正好进来，遇到老太太就握着她的手说："哎呀大姐驾到，不好意思，我刚出去，让您久等了！来来，里面坐。"老板也就三十多岁，把老太太叫"大姐"？马燕正疑惑的时候，老太太冷冷地对老板说："你称呼错了！应该叫我大妈才对，你的下属已经跟我叫奶奶了！"老板愣了一下。马燕这才明白过来，原来她是生气自己刚叫她"奶奶"，完了，这可得罪客户了，怎么办？

当然老板最终把老太太搞定了，马燕舒了一口气。可是老太太在临走时，还是瞪了马燕一眼。

称呼他人是一门极为重要的艺术，若称呼的不妥当则很容易让他人产生反感。职场上，一个会说话的女人，在对别人的称呼上是绝对不能马虎的。

1. 不同年龄的称呼

老话说得好："逢人减岁遇货添钱。"意思是：人家的年龄，要少说三五岁，人家的东西，要往贵了说。尤其对待女士，尽可能用年轻的称呼——哪个女人喜欢别人说自己老呢！如果你 20 多岁，听到一个十多岁的小学生张口叫你"阿姨"，你是不是很想纠正过来让他叫你"姐姐"呢！如果公司办公室主任是个 50 岁的女人，你称呼她"大姐"，她会非常高兴把你当做妹妹。但是如果你称呼她"阿姨"，她恐怕很不情愿地把你当成侄女。对女士的称呼，要尽量显得对方年轻，这是一种礼貌，更是人际关系中应该能注意的细节，这个细节直接影响到你与对方的关系。

职场称呼，运用得恰如其分，可以拉近上下级、同事之间的关系；运用得不好却有可能带来不必要的烦恼。不少人在职场中都遭遇过"称呼的尴尬"，"老板"、"老大"、"老总"……职场称谓首先要礼貌，其次显得亲切。

2. 职场称谓要礼貌

对待上司不要用绰号，某某经理就是某某经理，也不要叫"小王经理"、"小张经理"。职场新人，对一些资历老的同事可以称呼为"老师"，三人行，必有我师，叫声"老师"总没错。称谓上有时候也可以耍一点小技巧，如果你刚进公司不知道某个同事的职位，然后你用女性柔美的嗓音称呼他"经理"，如果他是经理就好，如果不是经理——更好，这至少是一种赞美，意思是"你的气质很像经理"。

3. 职场称谓要显得亲切

现在年轻人思想开放，称谓上都很亲昵。其实在公司，对于女性来说，亲昵的叫法能少尽量少，否则会造成不必要的麻烦。

在职场，过分亲昵的叫法，一来容易引起别人误会，二来也会显得轻浮。所以，尽量不要用。另外，办公室称谓还有一个就是绰号。关系亲近的同事之间称绰号，有时候会显得亲切，但是在私底下称呼还好，到了公共场合就要正式称谓了。对待上司，即使同事们在一起为上司取了绰号，也只能在私底下叫。

有一位姓姜的部门经理，总是坐不住，有人找他时，他不是在其他部，就是在某个下属办公桌前。

他这样说："我这是联络感情，熟悉业务，互通有无……"反正办公室里很少看到他的人影。连下属找他问工作上的事，都要打手机找他。有时候事情多，他一会来了，一会儿又不见了。他如此忙碌，穿梭在公司的每个角落，有一天一个同事找不到他，就很郁闷地说："我们经理就像勤劳的小蜜蜂。"从此，有些人私底下都叫经理"小蜜蜂"。

同事们都叫习惯了："小蜜蜂叫你去下他办公室。""小蜜蜂说了，我们要多交流。""小蜜蜂今天又不在办公室。"……所以，有一次，一位下属正在写报告，抬头一看经理正站在自己面前，她愣了一下，脱口而出："小蜜蜂你怎么在这？"经理感到莫名其妙。下属意识到自己说错话了，一时间愣住了不知道说什么。正好一旁的一位老员工过来解围："是啊，我刚也看到一只蜜蜂呢！"经理摸摸脑袋，就走了。这位下属吓得冒了汗，说了句："经理这个绰号我们还是少叫为妙，养成习惯哪天让他知道了就不得了。"

生活中，我们对其他人的称呼其实也不是一成不变的，根据身边的环境，如果大家互相称呼很随意，你也跟着随意。如果在等级观念较重的企业，最好以行政职务相称，如张经理、陈总监等，能表示对对方的敬重。

不过，私底下，同事之间的称呼可以随便一些。女孩子可叫她的小名，如丽丽、小燕；对男性年长者可称"老兄"，年幼者为"老弟"等。但是在会议室、谈判桌上等正式场合，要用正式的称谓；而在聚餐、晚会、活动等娱乐性的场合里，则可以随意一些。

恰当的称呼能使交际得以顺利进行，不恰当的称呼则会造成对方的不快，为交际造成障碍。要想成为一名受人欢迎的女人，就要根据对方的年龄、职业、地位、身份，以及同对方的亲疏关系和谈话场合等一系列因素选择恰当的称呼，借此提升自己的魅力指数以及亲和力指数。

多看同事身上的优点，并给予赞美

在职场上，有时与同事处不好关系是因为与同事相处久了常常会忽略对方的优点，而对同事的缺点和工作上的不足很在意。这其实是工作陷入困境的先兆。在职场上，聪明的女人知道，良好的同事关系的基础是多看同事身上的优点，并及时给予赞美和鼓励。

身在职场，我们必须和很多的同事共事、打交道。他们每个人身上都或多或少会有些缺点。但是，我们要想和同事友好相处高效工作，就要学会用望远镜去欣赏他们的闪光处，而不是用放大镜去放大他们的缺点。其实，多赞美同事的优点，是增进彼此关系的有效润滑剂。在职场上，看到对方的长处，由衷地赞美一句就可以让同事感觉到你对他的重视，无形中增加对你的好感。这样和同事在一起，就能其乐融融，愉悦工作了。

韩英个善于细心观察、懂得赞美的人。同事们都很喜欢和她一起工作，感到既有动力又愉快。

平时韩英就经常夸奖和赞扬自己的同事，比如，"嗯！你今天看起来精神特别好！""嗯！你这条上衣的料子相当不错耶！再配上这条裙子，可真是相得益彰啊！""最近工作做得不错，继续努力呀！""你的方案很好，点子也很新颖。"

一次，同事小陈剪了一个新发型，剪完后她非常不满意，还和理发师当场吵起来。当小陈一脸怨气地到了公司后，同事们都一脸漠然，似乎没有看到她的改变。只有韩英发现了，而且还大力称赞她发型的清爽和简洁。在韩英的赞美声中，小陈把原来的怨气一股脑全忘了，越看越觉得新发型顺眼，心情变得大好。后来韩英有什么事，小陈总是很热心地帮忙。

同事张月的策划案得到了上司的肯定。韩英知道后就对张月说："你的策划案做得太好了。祝贺你！"张月也特别高兴自己的成绩被韩英认同和肯定。此后韩英有什么不懂的，张月都主动热情地指导和帮助她。

赞美和肯定同事，即使与工作无关，也能够成为你与他增进关系的机会。发挥你心思细腻的特点，观察他最得意的方面，尤其是被人忽略的一面，并当众赞美，他可能会受宠若惊，对你的细心感激不尽。赞美对方的穿衣，爱好兴趣，工作态度、办事效率等，哪怕是不经意的一句话，都会起到意想不到的效果。

我们明亮的双眼，不是去看清别人的不是，挑剔别人的缺点，而是让我们学会去发现，懂得以欣赏的眼光来看同事。因此，在与同事相处的过程中，我们就要多用欣赏的眼光去看待别人的优点。这样有助于我们心平气和地去看待同事，消除那些偏激的或是不利的想法，创造和睦友好的工作氛围。

赞美，是送给同事最好的礼物。聪明的女人明白，每个人都渴望自己的价值得到认可，渴望得到别人的赞美。尤其是在我们付出了辛勤和复杂的劳动之后完成的工作，更是期待别人的注意和赞赏。如果同事之间能经常用毫不吝啬的语言赞美对方，相信在工作的时候，我们的激情会更高，精神上更加饱满，工作效率也会提升。

赞美作为一种有效的交往技巧，它能有效地缩短人与人之间的心理距离。工作中，一句由衷的赞美，无形中就会增加同事对你的好感，拉近你们之间的距离。当然，赞美用得不好，也会让同事觉得你虚假。掌握赞美艺术，你需要注意以下几点：

1. 要由衷赞美

赞美必须真心诚意，这样才能让别人在赞美中感受到我们的友善和真诚。要记住，我们之所以赞美别人，是我们觉得别人有值得赞美的地方，而赞美本身也是自己对别人钦佩的表示。如果把赞美人际关系的功能当作是惟一目的，就可能产生虚假的赞美。如果称并不认为对方的意见好，而仅仅为了讨好对方，故意说它美不可言，这就是虚伪客套了。当然，你的同事也能听出来其中的"水分"，那你就弄巧成拙了。

2. 要适度赞美

赞美要有分寸，掌握度。假如你有个朋友取得了某项成就，你说："真不容易。"他听了会感到高兴，因为你肯定他做出别人没有做出的成就。但如果你的赞美太过分了，说这是一项"划时代的伟大贡献"、"揭开了某某领域的新篇章"、"是一座里程碑"，那就会使被赞扬的人感到不舒服，甚至还会引起误解，认为你是借此来讽刺他。

3. 要"大"赞"小"扬兼具

赞美时，既要赞美别人突出的长处，也要肯定微不足道的优点。毕竟，在现实生活中，一个人不可能经常做出令人刮目相看的业绩，大多是平凡的生活。所以，只要是好事，不管它是否微小，你也应当赞美几句。在愉悦的心理满足中，被赞美者的行为也就得到了强化，对你的好感也会增加。

4. "暗赞"更有效

只有当面赞美，没有背后赞美，这样的赞美动机恐怕有些不纯。当面赞美是需要的，但背后赞美更不能少。因为不为人知的赞美，往往是出于真心且不含任何条件的。当它传到被赞美者耳中时，对方所获得的心理好感，比当面赞美无疑多得多。

与同事进行交流也要讲求语言质量

有一些女性朋友认为，与陌生人说话可以注意一些分寸，而与整日在一起的同事说话就不必过于讲究，随便一点没什么，这可是一种认识错误，如果我们注意回想一下，为什么有的同事有威信，有的则不高，这就与她们的说话方式有直接关系。

不管是在什么场合，面对什么人，只要你与人进行交往，你的语言就会给人留下深刻印象。可以说，一个女人人际关系的成功，与她在交往中得体的语言是分不开的。

但这需要女人在交谈中要适当地掌握一些交谈的技巧，这些交谈技巧包括：

1. 注意不使用叫不准的词句或典故

在实践中，有些女性朋友可能是由于不愿看书的缘故经常会在与人交往中把曹雪芹说成是女的，《红楼梦》说成是做梦，这样的错误不但不能让自己在职场上赢得人气，相反还会给人留下笑柄。

2. 学会恭维的方法

女人在与同事或客户交谈中，适当地恭维与赞美是十分必要的，因为适当地恭维可令对方高兴，对谈话起到润滑的作用。

女人的恭维要有"尺度"，在切合实际的情况下小小地夸张一些，无妨；若是天花乱坠，硬要将一个花甲老人说成"矫健青年"，又或者将一个工作平平者说成"业绩杰出"，那所引起的，只能是反效果。因此，恭维要适可而止，恰到好处。多用滥用只会令其流于形式、流于虚伪。

3. 多谈对方少说自己

谈话至少是要双方或双方以上都参与的语言行为，因此女人无论是与老同事相处，还是与同事共事，谈话的"重点"都应放在对方身上，这是交流的又一技巧。

"你身体好吗？怎么保养的？"

"你的工作顺利吧？近来有什么业绩？"

这种问话，一定会勾起对方的谈话兴趣，她讲完之后，自会问"你呢？"这时，你再将自己的状况说出，会令对方记得更牢。对于自己，不要说的太多，尤其是有些你自以为很重要其实却很琐碎无聊的事情。女人要想谈话愉快，不妨在谈话中多用"你"，而少用"我"。试试看，一定会有好效果。

4. 委婉地纠正他人的错误

委婉地纠正他人的错误也是女人交谈礼仪应该讲究的技巧之一。人非圣贤，孰能无过。每个人的一生中都不可避免地会犯下这样或那样的错误。谈话同做人一样，谁都不可能洋洋万言、行云流水而毫无差错。

那么女人在职场上发现对方言语有误时，该如何纠正呢?

　　首先要看当时在场各位的反应,如果大家都没有听出"问题",而谈话者又谈兴正浓,那么你千万不要急于纠正。可以等谈话结束后,再悄悄地指出对方的错误。如果每个人都发现了"问题"却无人敢于纠正,那你可以写一张小纸条传给谈话者,将他的错误写出来告诉他,他自然会懂得如何"自我纠正"。

　　如果谈话时只有你与对方两个人,而你们又不是很熟悉,你当然不便直接纠正他的错误。这时,你可以使用"重复纠错法",即有意识地重复他说错的部分,在重复时当然是用正确的发音或措辞,这样,她自然会心照不宣地接受你的"正确信号",从而改正错误。如果是亲朋好友说错了话,你可以当即委婉地指出,而不用采用旁敲侧击的方法。

　　总之,如果你是一位职业人,就千万别在同事间忽视语言的影响作用,它会在不经意间提高你的威信,或使你成为不受同事关注的人。

在职场上要善于用语言与人沟通

　　无论在商界还是在企业,只要有两个人以上的场合,就存在一个可能,那就是要做好彼此间的沟通。沟通靠什么,靠的就是得体的语言。

　　没有良好的语言沟通，对项目的发展和人际关系的改善，都会存在着制约作用。很多项目开发中，普遍现象是一遍一遍地返工，导致项目的成本一再加大，工期一再拖延，为什么不能一次把事情做好？原因还是沟通不到位。

　　王娟和赵颖同在一个科室上班，两个人都很勤奋，领导交待的事都能及时去做。王娟更为主动，常常领导还没有说完，她就急不可耐地去干了。赵颖总是耐心听取领导的指示，不明白的地方还会不断请示。结果不说大家也会知道，王娟干完的活，常常被要求返工，而赵颖很少有类似现象发生。王娟的问题出在什么地方呢？就是和领导话没说明白，沟通不到位，领导会以为你完全领会了他的意思，但是完工以后却并非如此，当然会导致返工了。

　　如何避免王娟这样的错误发生呢？那就需要做到：
　　1. 说简单明了的话
　　曾经有这样一个故事：

　　在一次裁剪课上，老师正在进行讲解，这时他手头需要一只笔，她便叫身边的助理："去，给我取一支笔来。"助理飞奔而去。一会儿，助理气喘吁吁地跑回来，拿回一支钢笔。

　　老师一看这并不是他需要的笔。便生气地说："谁让你拿钢笔呀?"助理没有说话,但是显得很委屈。这时老师也发现,自己叫拿笔的时候,并没有告诉助理自己需要什么样的笔,也没有告诉助理到哪里去找。自己以为助理该知道这些,可实际上助理并不知道。老师明白了:发生问题的根源在自己,因为,她并没有明确告诉助理做这件事的具体要求和途径。

第二次,老师明确地告诉助理,去办公室的某个位置,拿一支画图用炭笔。这回,没过多久,助理就拿着他想要的笔回来了。

这个故事告诉我们,要想把事情做对,就要让别人知道什么是对的,如何去做才是对的。在我们给出做某事的标准之前,我们没有理由让别人按照自己头脑中所谓的"对"的标准去做。

2. 相互间要坦露心扉

尤其是坦白地讲出来你内心的感受、感情、痛苦、想法和期望,但绝对不是批评、责备、抱怨、攻击。不要无根据地批评、不责备、不抱怨、不攻击、不说教。

无根据地批评、责备、抱怨、攻击,这些都是有效沟通的不利因素,只会使沟通更加的不畅。

3. 互相尊重

只有给予对方尊重才有沟通,若对方不尊重你时,你也要适当地请求对方的尊重,不要恶言伤人。

4. 不说不该说的话

如果说了不该说的话，往往要花费极大的代价来弥补，正所谓"一言既出，驷马难追"、"病从口入，祸从口出"；甚至于还可能造成无可弥补的终生遗憾。所以沟通中不能信口雌黄、口无遮拦；同时要注意，任何时候不说情绪话。

情绪波动中的沟通常常无好话，既理不清，也讲不明，很容易因冲动而失去理性。如：吵得不可开交的夫妻、反目成仇的父母子女、对峙已久的上司下属等，尤其是不能够在情绪波动中做出情绪化、冲动性的决定，这很容易让事情不可挽回，令人后悔。

5. 沟通中要勇于承认错误

承认错误是沟通中的消毒剂，可解冻、改善与转化沟通中的问题。一句"我错了"勾销了多少"新仇旧恨"，化解掉多少年打不开的死结，让人豁然开朗，放下武器，重新面对自己，重新思考人生。

6. 学会对人说"对不起"

说"对不起"，不代表你真的有了什么天大的错误或做了伤天害理的事，而是一种软化剂，使事情终有"回旋"的余地。其实有时候你也真的是大错特错——"死不认错"就是一件大错特错的事。

7. 等待转机

如果没有转机，就要等待；着急只会把事情弄糟。当然，不要空等待，成果是不会从天上掉下来的，还是要靠你自己去努力——若不努力，你将什么都没有。

155

8. 要保持耐心

等待中惟一不可少的就是耐心，有恒心者事竟成。

综上所述，职业女性应该掌握这些沟通技巧，并灵活运用在实际工作中。

第七章
会说话的女人不会得罪人

无论是职场还是在与人交往中，人们在一起闲聊的时候，经常会说："某某比我们都聪明、很会办事。"或是说"某某很精明。"但这里的评价多是褒义的称赞，并非"闲话"，而且，所谓的聪明也好，"奸"也好，多数指的是：会交人不得罪人。而实际上，一个女人要让自己变得聪明起来、精明起来很容易。从修练会说话水平开始，随着学会赞美、学会说"不"、学会说感谢、学会掌握分寸的应答……成功之门也将为你开启。

即使是对方错了，也不要直白地指出来

　　会说话的女人在别人犯错时，不会马上直白地指明"你错了"，她懂得给人留面子。中国有句老话叫："人活一张脸，树活一层皮。"学会为别人保住面子，是女人在与人交往说话时的一条基本原则。即使别人犯了错，也要懂得给人有"台阶下"。否则会惹恼对方。

　　生活中有些不会说话的女人则口无遮拦，当面给人难堪，让别人一整天的心情都持续低压。

　　王方是一个很讲求品位的知识女性，平常除了钻研业务，没有更多的业余爱好，但她的保龄球却打得非常好，在公司有很多都想请她来当老师教导大家打球。

　　有一次，大家终于都有时间，于是约定去保龄球馆打球。有很多同事其实也只是初学，球艺自然不行。大家看见她的保龄球打得那么好，纷纷都要她出面指导。出于好心，她便当教练教起来。打球过程中她一会说这个"真臭"，一会儿说"你这人看起来挺精明的，怎么学打球这么笨。脑子是不是进水了，你这样的姿势是错误的，刚不是讲过吗"。光是指责对方的不是，可是球技倒是没有教导多少，气得很多同事也开始不客气地说："你说话可不可以含蓄点?""什么含蓄，你笨就笨嘛，还不让人说了，真是的!"

每个人都是有尊严的，尤其女人，当众提出她们的不足或短处，是难以让人接受的，即使你是好心也会招人不满。一旦与对方发生争执，所有人在下面争论中都只能充当失败者，无论他愿意与否。因为，十有八九争论的结果都只会让双方比以前更相信自己的观点绝对正确；或者，即使认识到了自己的错误，也不愿意在对手面前俯首认输。这个时候，最好的方法就是都给对方一个台阶下。

大家相互交流的时候，目的是增进友谊和能力，而不是要制服别人或贬损人，更不是为拿别人出气或显示自己的威风。记住：永远不要在公共场合或当着第三者的面批评别人。同时，在批评的时候，最好肯定一下别人的优点和长处，这是让人保住面子的最好方法。

女人在生活中老遇到犯错或工作上存在一些问题的同事，要善意或委婉地向对方提出来，如果真要批评，以下几种批评方式也许对你与他人的沟通更有帮助。

1. 启发诱导

高明的批评者是逐渐让对方进入正确的意识，诱导启发他进行自我批评，这样就不会让场面尴尬，还能让别人改正错误。比如："你回答得很好，如果能再举个例子说明一下就更精彩了!"

2.迂回战略

用一种令人愉悦的、迂回的方式巧妙地批评对方，不仅气氛轻松，还保护了对方的自尊心，也保护了自己的名誉。

3.幽默搭话

不要用太过刺激犀利的语言点破被批评者的要害，含而不露，缓解对方的紧张情绪，启发被批评者的思考，才能达到教育对方的目的。

4."三明治"式批评

美国著名企业家玛丽·凯在《谈人的管理》一书中说道："不要只批评而要赞美。这是我严格遵守的一个原则。不管你要批评的是什么，都必须先找出对方的长处来赞美，批评前和批评后都要这么做。这就是所谓的'三明治策略'——夹在大赞美中的小批评。"

在批评前，你要先帮助被批评者打消担心受怕这个顾虑。将批评夹在赞美当中，在肯定成绩的基础上再进行适当的批评，肯定能取得很好的效果。

女性一定要学会让自己大度一些，能宽容的尽量宽容，不要反应过激，那样反而会显得小肚鸡肠。如果真的不能忍让，可以在言语措辞上稍微柔和点，不要令人难堪。

把"不"字说得让他人听了很受用

在生活中，每个人都会有过向别人提出要求，而被人拒绝的经历，那种感受是十分难受的。而善于说话的女性即使是拒绝别人也不会让人感觉难堪。

女人在生活中总会遇到各种请求，那么你自然会拒绝某些无理的要求。但是一定要学会采用不同的方法，巧妙的说出那个"不"字，否则会让场面尴尬万分。其实，拒绝也是一种学问，如果把拒绝的话说得巧妙，可以使自己和对方都不陷入尴尬和为难的境地。

林女士在某电器市场工作。一天，她的一位朋友来买手机。看遍了柜台上陈列的样品，他都不满意，便要求林女士领他到仓库里去看看。

电器商场是有规定的，除了员工外，是不允许带其他非工作人员进去的。面对朋友，林女士"不"字出不了口。于是她笑着说："前几天经理刚宣布过，不准任何顾客进仓库。"尽管林女士的朋友心中不大满意，但毕竟比直接听到"不行"的回答减少了几分不快。

得到别人的爱戴，是你说话的最高境界。善于说话的女人之所以能轻松地应付这种尴尬的场面，是因为她们懂得如何开口巧妙拒绝，说出心目中拒绝的字眼。可选择如下几种方式：

1. 择时而沉默

当别人问："你喜欢某某明星吗？"你心里并不喜欢，这时，你可以不表态，一笑而过，别人即会明白。一位不大熟识的朋友邀请你参加婚礼，送来请帖，你也可以不予回复。它本身就说明，你不愿参加这样的活动。

2. 时间可以帮你说出"不"

某员工想换调岗位，于是去找领导。领导听完她的陈述后，说到："这段时间我这里有很多事要忙，要不过段时间吧。"这样比直接回绝要强的多。

3. 巧借他人之口

刘倩新买了一个耳机，非常漂亮，有一次，耳机被同宿舍的一个姐妹借去了。那个姐妹拿走后，就一直拿在手里，很长时期都没有还给刘倩的意思。刘倩非常生气，但是又不好说，毕竟是一个宿舍的，关系也不能弄僵。于是她是这样对姐们说的："不好意思，这个是我表姐要我买给她的，我拿着用了阵子，现在她找我要了，请你还给我吧。"

巧借他人的方法来委婉的拒绝，既不会破坏彼此之间的关系，还能让自己轻松脱身。

4.用"习俗"为借口

白丽是素食主义者，有一次在外地出差和客人进餐馆吃饭，而对方每次点菜时，都是大鱼大肉，这下可难为了白丽。于是一次白丽对客人说："不好意思，我从小就很少吃肉，已经养成素食的习惯了。"客人听后，立刻致歉，还多点了几道素菜。

白丽既表达了对对方失礼的不满，又没有令对方下不来台，可谓一举两得。

5."先甜后苦"

有时对方提出的要求有一定的合理性，但因条件的限制又无法予以满足。这种情况下，拒绝言辞要尽可能委婉，予以安慰，留有余地。

女人在社会上，就会与别人产生各种各样的社会关系，每个女人在社会中都扮演着不同的角色，而且所要面临的实际情况也会各不相同。当我们需要去面对一些对自己有压力或违背意愿的事情时，即便是必须的，但是如果对方要求太出格，我们也要敢于去拒绝。如果我们懂得拒绝，就能巧妙地将自己从一些不必要的事物中解脱出来。

不要轻易责怪他人

争吵中没有胜利者。即使你口头胜利，但与此同时，你又树了一个对你心怀怨恨的敌人。可谓是得不尝失。

生活中，女人很容易犯的一个错误就是随意指责别人，这也许是由于女人自卑心过强容忍不了犯错误，也许是由于对自己的绝对自信。但不管怎样，指责是对别人自尊心的一种伤害，是很难让人原谅的错误，如果你不想让身边有太多的敌人，那就请口下留情，别总是指责别人。

人的本性就是这样，无论他做的有多么不对，他都宁愿自责而不希望别人去指责他们。别人是这样，我们也是这样。在你想要指责别人的时候，你得记住，指责就像放出的信鸽一样，它总要飞回来的。因此，指责不仅会使你得罪了对方，而且也使得他必须要在一定的时候来指责你。即使是对下属的失职，指责也是徒劳无益的。会说话的女人是不会轻易责怪别人的。

田丹是一家公司的经理，工作中间她也批评员工，但从不轻易责怪他们。而且，她的批评非常具有艺术性。有一回，她的秘书在处理一个文件的时候出现了一些错误，但田丹没有责怪她，而是用了一种非常温和的方法处理了这件事。她告诉秘书，她处理的不算十分正确，此外，还应该有更好的处理方式。然后，又把正确的方式讲了一遍。

秘书的脸一下子就红了。但心里却如释重负，她自己也没有想到，居然没有受到责怪。

事实上，如果你只是想要发泄自己的不满，那么你得想想，这种不满不仅不会使对方所接受，而且就此树了一个反对派；如果你是为了纠正对方的错误，那为什么不去诚恳地帮助他分析原因呢？

手段应当为目的服务，只有怀有不良的动机，才会采用不良的手段。许多成功女性的秘密就在于他们从不指责别人，从不说别人的坏话。面对可以指责的事情，你完全可以这样说："发生这种情况真遗憾，不过我相信你肯定不是故意这么做的，为了防止今后再有此类事情发生，我们最好分析一下原因……"，这种真心诚意的帮助，远比指责的作用明显而有效。

另外，对于他人明显的谬误，你最好不要直接纠正，否则会好像故意要显得你高明，同时又伤了别人的自尊心。在生活中一定得牢记，如果是非原则之争，要多给对方以取胜的机会，这样不仅可以避免树敌，而且也许已使对方的某种"报复"得到了满足，于己也没有什么损失。口头上的牺牲有什么要紧，何必为此结怨伤人？对于原则性的错误，你也得尽量含蓄地进行示意。既然你本意是为了让对方接受你的意见，何必以伤人的举动来凸显自己呢？

诸如微笑、眼色、语调、手势都能表达你的意见，唯独不要直接说"你说得不对"、"你错了"等等，因为这等于在告诉并要求对方承认："我比你高明，我一说你就能改变你自己的观点"，而这实际上是一种挑衅。商量的口吻、请教的态度、轻松的幽默、会意的眼神，定会使对方心悦诚服地接受你的意见，与此同时，你也不会树敌。要知道，人们一般都不愿改变自己的观点。他们若有错误，往往情愿自己改变。如果别人策略地加以指出，则其也会欣然接受并为自己的坦率和求实精神而自豪。

假如由于你的过失而伤害了别人，你得及时向他人道歉，这样的举动可以化敌为友，彻底消除对方的敌意。

此外，争吵除了会使人结怨树敌，在公众面前破坏自己温文尔雅的形象外，没有丝毫的作用。假如只是日常生活中观点不同而引致的争论，就更应避免争个高低。假如你一面公开提出自己的主张，一面又对所有不同的意见进行抨击，那可是太不明智了，致使自己孤立和就此停步不前。如果你经常如此，那么你的意见再也不会引起他人的注意。你不在场时他人会比你在场时更高兴。你知道的这么多，谁也不能反驳你，人们也就不再反驳你，从此再没有人跟你辩论，而你所懂得的东西也就不过如此，再难从与人交往中得到丝毫的补充和益处。因为辩论而伤害别人的自尊心、结怨于人，既不利己，还有碍于人而使自己树敌，这实在不是聪明的做法。

"多个朋友多条路，多个仇人多堵墙"，生活中聪明的女人都会注意尽量避免树敌，更不因说话不当而得罪人。

把拒绝的语言说的至情至理

在生活中，有时可能是因为我们遭到别人的拒绝心理很不爽的原因，所以，对别人向自己提出的要求往往没有勇气拒绝，也因此常常让自己负有压力。其实，被人拒绝或拒绝别人是生活常态，不必须为拒绝别人而内疚，但拒绝却需要技巧。

假设一位同事突然开口让你帮他做一份难度很高的工作。答应下来吧，可能要连续加几个晚上的班才能完成，而且这也不符合公司的规定；拒绝吧，面子上实在抹不开，毕竟是多年的同事了。应该怎么找一个既不会得罪同事、又能把这项工作顺利推出去的理由呢？有人会直接对同事说，"我能力不够，其实小 A 更适合。"那你有没有想过当同事把你的这番话说给小 A 听时，他会做何反应？

这些好像不是最佳拒绝理由，那我们到底应该怎样婉转地拒绝呢？

1. 耐心听别人说完再表态

当你的同事向你提出要求时，他们心中通常也会有某些困扰或担忧，担心你会不会马上拒绝，担心你会不会给他脸色看。因此在你决定拒绝之前，首先要注意倾听他的诉说——比较好的办法是，请对方把处境与需要，讲得更清楚一些，自己才知道如何帮他。接着向他表示你了解他的难处，若是你易地而处，也一定会如此。

倾听能让对方先有被尊重的感觉，在你婉转表明自己拒绝的立场时，也比较能避免伤害他的感觉，或让人觉得你在应付。如果你的拒绝是因为工作负荷过重，倾听可以让你清楚地界定对方的要求是不是你分内的工作，而且是否包含在自己目前重点工作范围内。或许你仔细听了他的意见后，会发现协助他有助于提升自己的工作能力与经验。这时候在兼顾目前工作原则下，牺牲一点儿自己的休闲时间来协助对方，对自己的职业生涯绝对有帮助。

倾听的另一个好处是，你虽然拒绝了他，却可以针对他的情况，建议如何取得适当的支援。若是能提出有效的建议或替代方案，对方一样会感激你。甚至在你的指引下找到更适当的支援，达到事半功倍。

2. 拒绝别人时语气要温和

当你仔细倾听了同事的要求、并认为自己应该拒绝的时候，说的态度必须是温和而坚定的。好比同样是药丸，外面裹上糖衣的药，就比较让人容易入口。同样地，委婉表达拒绝，也比直接拒绝让人容易接受。

例如，当对方的要求是不合公司或部门规定时，你就要委婉地表达自己的工作权限让对方知道，并暗示他如果自己帮了这个忙，就超出了自己的工作范围，违反了公司的有关规定。在自己工作已经排满而爱莫能助的前提下，要让他清楚自己工作的先后顺序，并暗示他如果帮他这个忙，会耽误自己正在进行的工作，会对公司与自己产生较大的冲击。

一般来说，同事听你这么说，一定会知难而退，再想其他办法。

3. 显示你的关心，灵活行事

拒绝时除了可以提出替代建议，隔一段时间还要主动关心对方。有时候拒绝是一个漫长的过程，对方会不定时提出同样的要求。若能化被动为主动地关怀对方，并让对方了解自己的苦衷与立场，可以减少拒绝的尴尬与影响。当双方的情况都改善了，就有可能满足对方的要求。对于业务人员，例如保险业者面对顾客要求，自己却无法配合时，这种主动的技巧更是重要。

拒绝的过程中，除了技巧，更需要发自内心的耐性与关怀。若只是敷衍了事，对方其实都看得到。这样子有时更让人觉得你不是个诚恳的人，对人际关系伤害更大。

总之，对于你无法完成或为对方提供帮助时，不应去生硬地拒绝，要把话说的委婉一些，说的至情至理，这样，就不至于使对方因你的拒绝而忌恨你。

不因拒绝而影响友谊

生活中，总有些时候需要拒绝别人，但如果每次拒绝都带来隔阂，带来仇视敌意，那最后你必将成为孤家寡人，人缘也会消失殆尽。因此，女人不要因一次偶然地拒绝而影响多年结成的友谊。

人都是有自尊心的，别人有求于你时，往往都带着惴惴不安的心理，如果一开口就说"不行"，势必会伤害对方的自尊心，引起对方强烈的反感，认为你很不讲情面；而如果话语中让对方感觉不到"不"的意思，这样的拒绝，不仅能收到良好的效果，你们的关系也会因此而得到提升。

那么，女人在拒绝别人时，怎样做才合适呢？

1. 可以适当地找个借口

面对别人的请求，如果直言拒绝会伤害对方的自尊心，女人们就可以采取假托非个人的原因作为借口，让对方感到自己也很无奈，从而使对方易于接受。

2. 先肯定再否定

拒绝总是令人不快的。"委婉"的目的无非是为了减轻彼此的心理负担，绝非故意拒绝对方。对于他人的话，人们总会有一定的情感反映，如果你先说一些让对方听了高兴的话，谈一些别人感兴趣的内容，然后再说一些拒绝的话，即使对方不愿听到拒绝的话，也能以欣然的心态接受你的婉拒。因为，当你先说了让对方高兴的话时，对方会有愉悦的心情，这时你再拒绝对方，愉悦的心情会减弱拒绝所带来的消极情绪。所以，在拒绝时，要学会先肯定对方条件的合理性，使其精神上得到一些满足，以减少因拒绝产生的不快和失望，然后再委婉地进行否定。

比如，一家公司的经理对另一家的厂长说："我们两家搞联营，你看怎么样？"厂长回答："这个设想很不错，只是目前条件还不够成熟。"这样的拒绝既没有让对方下不来台，同时也给自己留了后路。

3. 变被动为主动

不管怎么说，拒绝别人的要求总是被动的。而如果你不直接答复对方的要求，转为提出自己的建议让对方回答，往往就可以变被动为主动了。

比如，一位业绩卓著的室内设计师，对于用户不合实际的设想，他从不直截了当地说"不"，而是竭力引导他们接受自己的提议和看法。

有一次，一位女用户想用一种不合适的花布做窗帘，这位设计师就先问对方想达到什么样的视觉效果，然后再大谈什么样的布料做窗帘才能与现代装饰达成最好的和谐，很快那个女用户便放弃了自己的花布料。

除了以上方法外，在拒绝别人时还应注意一些细节，比如，拒绝的时间一般是早拒绝比晚拒绝好，及早地拒绝可以让对方争取别的出路，无目的的拖拉是对他人的不负责，同时也会引起对方更为强烈的反感和不满；此外，拒绝的地点最好不要选择公共场合。

总之，女人在拒绝别人时，不仅要考虑到对方可能产生的反应，还要注意运用准确恰当的措辞，如此才能让对方易于接受你的意见，又不会伤害对方的自尊心。

拒绝但不出恶语

生活中，男女之间恋爱而产生的矛盾导致双方彼此的仇恨的事也是有的，但如果女性一方很会说话的话，这一现象就会大体被避免。

男女间恋爱最终能否走到一起取决于两个人，而一个人就可以使它失败。当那"一个人"必须拒绝他人的求爱之时，或者必须与恋情分手之时，如何开口说那个"不"字才好？怎样才能避免对方误会或难堪呢？

分手总是残酷的，如果能巧妙地拒绝，得到对方的理解，才不失为一种高明的婉拒之法。

《简·爱》中当简·爱的表哥牧师圣约翰向她求爱时，尽管牧师救过她的命，而这时孤单的简·爱也确实需要依靠，但她清醒地懂得：友情不等于爱情。她说："我答应作为你的传教伴侣和你同去，但我不能作你的妻子，我不能嫁给你。"这在当时两人都很痛苦，但如果勉强成婚，两人的痛苦会更大。简·爱的语言真诚友善，使对方友好地退步。

你很喜欢一个男人，但他对你冷淡得有如南极冰川；相反，一个你毫无感觉的男人，却整天像撒哈拉上空的骄阳那样，对你热情奉献，紧追不舍，非要让你躲得掉汗。有过这样经历的女孩一定不会感到幸运，只是，你得知道如何去应对。这样，你就可以拒绝你不喜欢的男人了。

甜蜜的爱情总让人心醉神迷，流连忘返。然而，人世无常，造化弄人，当你面对那份无缘的爱时，你该如何巧妙回绝呢？

1. 要真诚，不要伤对方的心

语言是表达思想的一种方式，对方向你吐露心迹，这种真挚炽热的情感是圣洁美好的。俗话说："落花有意，流水无情。"当你无法答应对方的爱时，重要的是应态度友善诚恳，吐出肺腑之言，让对方从"细微处见真情"。

小仲马给恋人的绝交信中和盘托出了自己债台高筑的窘境："我不够富，不能像我希望的那样爱你；我也不够穷，不能像你希望的那样被你爱。让我们彼此忘却吧——你是忘却一个对你说来相当冷酷的姓名，我是忘却一种我供养不起的幸福！"这位作家的揭短亮丑，既是拒绝爱情，又避免了进一步的人生悲剧，其言其行，给人多少启迪呀！

2.先赞美对方的优点再说原因

对方忘不了你，是因为你的魅力深深地感召着对方。你不妨反其道而行之，先正面赞美对方的优点，真言实语，善意作答，再道出自己的不足之处，以此回绝。常言道"天涯何处无芳草"、"人生处处有青山"，要敦促其重新抉择。

大勇对周娟产生了爱慕之情。面对大勇的倾慕之情，周娟说："你既聪颖，又上进，像你这样的小伙子可以说是人见人爱，但我坦诚地说，我已经有了意中人。我深信在众多的女孩子中你一定能找到你的真爱。"

此番回绝，语重心长，爱与被爱表露得淋漓尽致，真挚的情感溢于言表，既淳朴，又厚道，于是，大勇不再对她倾情。

3.让对方知道回绝是为了他好

恋爱中遇到不现实或不合理的要求，要坚决予以回绝。

有一个小伙子与一位姑娘恋意绵绵，大有罗密欧与朱丽叶般的恋情，而后来小伙子被诊断出了患有白血病，这突如其来的巨大灾难，使小伙子决意独自承受。姑娘却死死放不下这段恋情，小伙子深知这份爱将是一场无言的结局，于是他先是采取回避的态度，可姑娘哪肯就此忘情，为此还大病一场。小伙子只好登门看望姑娘："我这辈子已是别无选择，注定只能独行，若有来世我们一定相伴相随。我听老人说，如果一个人把他的心交给了谁，那么死后把骨灰留一半给她，到阴间仍可以生活在一起做夫妻，我想你把我的骨灰放在你家的角落里，让我陪伴你，你如果外出，可以把它装在口袋里，让我保佑你一路平安……我请你答应我活在人世的最后一个要求——让我在有限的日子里静静地生活，入土为安，好吗？有空你可以来看我。"

小伙子的此番回绝字字是情，句句是爱。面对人世有缘无分，光怪陆离，小伙子既主观地表明了他对姑娘那份丝丝缕缕剪不断的情愫，同时又客观地道明了生活是如此美好而又无奈，姑娘怎么会不接受这份无言的承诺呢？

4. 借物喻人，委婉回绝

恋爱时，抓住生活中一些特有的事物，让它赋有寓意，也能收到四两拨千斤之功，且回绝时应尽量婉转些、谦逊些，让对方自知其意。

经人介绍，一个姑娘与小伙子第一次约会。可姑娘没有相中小伙子并且约会后对小伙子也做了不再约会的暗示。可没料到，第二天小伙子竟找到了姑娘的公司，想再次约会。"我现在正忙于公司的事务，实在抽不脱身，真对不起，你请回吧！"下班后姑娘发现小伙子还呆在公司的门口，于是买了一个泡泡糖递给他，寒暄几句后便匆匆告辞。姑娘的这一举动使小伙子倏地猛醒其意，知道姑娘是借物喻人，借泡泡糖的易破裂来否定一厢情愿的爱。

当然，对于那些你十分讨厌的人，或是心怀叵测的人，有时候直截了当地予以坚决回绝，往往会减少诸多不必要的麻烦。切记一句格言："绝不要道歉，绝不要解释。"除非你的理由不容置疑。最聪明的拒绝异性的方法往往是——根本不用说任何理由。

只要说的巧，"不"字也会被接受

大家都知道"不"字的隐意就是拒绝，因此，多数女人都害怕说"不"字。可有时又不得不说，这确实很是折磨人。

诚然，帮助别人是重要的。尤其是主动地和心甘情愿地帮忙更会受到欢迎。但是，如果你是被某种心理上的压力所迫，对一切都点头答应，实际上是在屈服于另一种性质的某些动机，例如需要得到别人接受或赞扬，害怕给别人带来不快和麻烦，希望别人对你感恩，有朝一日得到报答，等等。

我们谁都曾遇到过这种情况，在你休息时突然有一个人敲门进来，死缠烂打要你买他推销的某种商品，或是正当你办公的时候，有一个人跑来缠着你喋喋不休地唠叨个没完，这种情况有时确实令人生厌，可是又拿它没办法，有时只好自认倒霉，真令人哭笑不得。

可是难道就真的毫无办法吗？当然不是，办法只有一个，那就是拒绝。这谁都知道，可就是觉得说不出口，有时又觉得实在抵挡不住对方的口舌。所以，这就是一个拒绝的技术问题了。拒绝是一门深奥的学问，甚至可以说是一门艺术。

有一位女士遇到过这样一件事情：

她有一次被一个小贩缠住，逼着她买他推销的小商品，开始她就采取了拒绝的态度，可是那位小贩仍是缠着她，在大街上当着很多人的面大叫大嚷，她实在忍无可忍，只好自认倒霉，买了那位小贩的东西。

她告诉朋友，在大庭广众之下她不好意思生硬地拒绝。其实，这就是我们长期受困扰的主要原因了。

由此可见，要敢于拒绝，就要敢于说"不"字。

不过，说"不"字也还是需要技巧的，太生硬地拒绝别人，对方脑子里必会对你产生一种报复的心理。

在你非得拒绝别人，而又不希望引起对方反感时，你最好按以下方法去做。

（1）明确地向对方说明自己拒绝的理由。

（2）拒绝的言辞最好用坚决果断地暗示，不可含糊。

（3）对对方的难处表示理解和同情。

（4）不要用言语伤害对方的自尊心。

（5）解释你的拒绝是出于不得已的情况。

这里有必要谈一谈模糊的态度，就是在你不愿接受对方的时候，采取的是一种似是而非却又模棱两可的言词，这必然给对方造成一种错觉，使对方以为你并没有拒绝他，而再找机会来纠缠你，而最终必然会遭到你生硬的拒绝，这就很容易使对方对你产生更为严重的不满，甚至对你的人格产生怀疑，那么你的损失就大了。

这类含混不清的言辞在国际外交上也常常使用。曾经有一位批评家讽刺外交官说："大凡外交家们说'是'的时候，他的意思之中，已本能地含有了'或许'的成分；他说'也许'的时候就是'不'；至于他说'不'的时候，则他本身就不是个外交家了。"

因此，你要懂得拒绝，学会这门艺术。那么当你拒绝别人时，别人就会从心里理解你，会认为你有你的苦衷。而如果你不会这门艺术，被你拒绝的人不仅不理解你，可能还会埋怨你。

实践中，委婉的拒绝比直接的拒绝更容易被接受，因为它在更大程度上，顾全了被拒绝者的尊严。沉默不语也是一个很好的委婉拒绝的方法。当他人的请求很棘手甚至具有挑衅、侮辱的意味时，"拔剑而起，挺身而斗"，未必勇也。不妨以静制动，一言不发，静观其变。这种不说"不"字的拒绝，所表达出的无可奉告之意，常常会产生极强的心理上的威慑力，令对方不得不在这一问题上"遁去"。

譬如碰到"今晚我陪你一起吃饭吧！"或是"你爱我吗？"你要拒绝他，沉默不语就可以了，我想知趣的男人会领会你的意思。如果沉默不语对方还未领会到，那么就用反问的方式委婉地拒绝他。"你为什么要陪我吃饭？""为什么我要回答你的问题？""为什么你有这样的要求？"

此外，还有一个委婉的"局部否定"拒绝方式，当对方提出的问题需要你明确地表示"否定"时，你可先选取一个局部的枝节方面予以肯定，然后再对问题的主要方面提出否定。这种不是一口否定的形式，能使对方有一个下台的机会，那么对方也就比较容易接受了。

有时候，当你犹豫不决，拒绝别人时最好不要太快，稍微拖延一段时间，让氛围缓和些较好，若能避免当面拒绝则更好。可以用"让我考虑一下"的方式。这样做，不仅可以避免当面拒绝时的尴尬，又可使对方觉得你对他提出的问题，确实是经过慎重考虑才做出回答的。

我们当然在拒绝时应该做得温和一点，火药味淡一点，但切不可因此而丧失你的果断坚决、毫不动摇的立场。

这里有必要让对方清楚地认识到你是一个坚决果断的人。如果对方也是一个很高明的人，一般在正式谈话前出于摸清你各方面底细的目的，会向你提出一系列问题，在这种情况下，你可以微笑着表示沉默，不必回答，待对方认为你这个人不好对付以后，再反戈一击，乘势将对方的气势压下去，这样距离成功就非常接近了。

当然，对方的问题如果实在很难接受，在用一个"不"字已经不能解决问题的时候，你也可以非常坦诚却又不乏圆滑地回答："是的，你的话很对，但你也该明白我也有我的苦衷。"

要求别人要注意留台阶

当对方做错了事或有一些不当行为需要我们去纠正和制止时，一定要注意在话语上要给其留下台阶的机会，即注意保全他们的面子，不能让他们站到我们的对立面去。俗话说："人活脸，树活皮。"此话道出了人性的一大特点：爱面子。

可是，我们不能只爱自己的面子，而不给他人面子。每个人都有一道最后的心理防线，一旦我们不给他人退路，不让他走下台阶，他只好使出最后一招——反击。因此，当我们遇事待人时，应谨记一条原则：别让人下不了台阶。

"人非圣贤，孰能无过。"每一个人都可能犯错。所以，在职场中，指出他人错误时一定要把握好说话的分寸，既要说明对方的错误，又要留有余地，保留对方的面子。否则，双方就会闹得不欢而散，甚至从此以后"老死不相往来"。

据心理学研究表明，每个人都不愿意让自己的错误或隐私在公众面前"曝光"，一旦出现这种情况，就会感到难堪或恼怒。

因此，在生活中如果不是为了某种特殊需要，应该尽量避免触及对方的敏感区，避免使对方当众出丑。必要时可委婉地暗示对方的错处或隐私，给他造成一种心理压力。但是又不可过分，只须点到为止。

在北京的一家著名酒店，一位外宾吃完一道茶点后，顺手把精美的景泰蓝食筷悄悄地"插入"自己的西装内衣口袋里。

这一切都被服务小姐看在眼里，她不露声色地迎上前去，双手擎着一只装有一双景泰蓝食筷的绸面小匣子说："我发现先生在用餐时，对我国的景泰蓝食筷爱不释手。非常感谢您对这种精细工艺品的赏识。为了表达我们的感激之情，经餐厅主管批准，我代表本店，将这双图案最为精美并且经过严格消毒处理的景泰蓝食筷送给您，并按照酒店的'优惠价格'记在您的账上，您看好吗？"

外宾当然明白这些话的弦外之音，当即表示了谢意后，解释道：自己多喝了几杯酒，头有点儿晕，误将食筷放入内衣口袋里。并借此下"台阶"说："既然这种食筷不经消毒就不好使用，那么我就'以旧换新'吧！哈哈。"说着取出内衣口袋里的食筷恭敬地放回餐桌上，接过服务小姐递给他的小匣，不失风度地向付账处走去。

给对方留面子，也就是在为自己争面子。因为这样做不但使问题能得以顺利解决，还能使自己的声誉得到提高。所以，在生活中，除了这种情况外，还可以在他人由于某种原因处于尴尬境地的时候，你同样为他留足面子。

既要能使当事者体面地"下台阶"，又尽量不要使在场的其他人觉察到，这才是最巧妙的"台阶"。

一天下午，商场化妆品部经理王霞经过化妆品拒台，见几个新聘的女售货员在一起闲聊。那么她将如何处理此事呢？她并没有批评她们，而是走过去对她们说："你们一定是在评论谁的男朋友帅气吧，但可不能在这说噢，小心被人知道跟你抢啊！"这时售货员们知道，经理虽然不知道她们闲聊什么，但不许工作时间闲聊，经理没有批评，只是给了暗示，她们是清楚的，对这样的主管谁能不敬重呢？

　　有时遇到意外情况使对方陷入尴尬境地，这时，你在给对方提供"台阶"的同时，如果能采取某些妥善措施，及时地为对方面子上再增添一些光彩，会使对方更加感激你。

　　言尽而意未穷，话中还有话，既提出了问题的关键，又赢得了对方的感激。如此，在职场中，你就会多一分舒心，少一些烦恼。

第八章
会说话的女人家庭温馨幸福

聪明的女人，不但职场上、社交上关系处理的好，家庭关系处理得更是温馨幸福。这是因为聪明的女人都知道与外人的关系再好也不能同外人在一起生活，而家才是自己赖以生活的幸福暖巢。然而，幸福暖巢的维系缺不了爱，更缺不了夫妻间的丝丝情语、切切叮咛；少不了一点娇声嗲气；少不了一点善良的谎言，而对家庭中的上辈与下辈也少不了问候的语言、关爱的语言。聪明的女人知道，这一切不是矫揉造作，更不是哗众取宠，它是营造一个温馨幸福家庭的必须。

多年的夫妻也需温情话

大多数人在初谈恋爱的时候，彼此都礼貌客气，所以两人约会的时候话语也充满温情和关切；但是结婚以后，很多女人就会认为都是"自己人"了，还需要客气什么？甚至会觉得客气反而让两人的关系疏远。其实，恰恰相反，这就如同"刺猬效应"一样，太亲近了就会刺伤对方。事实上，礼貌，在我们日后的婚姻生活中，占有很重要的位置。会说话的妻子永远会让家里充满温馨。

刘茜在这方面就表现得够"聪明"。她的丈夫新迁胃肠不好，还耽误了几天班，因此这几天情绪不太好，总发脾气。吃饭的时候丈夫因胃不舒服，对过去惯常的饭菜也不断地挑剔，甚至说狠话，但刘茜从不对着干。一天，刘茜特意为丈夫煲了汤，又一次温柔地对丈夫说："快来吃饭吧，你的胃不好，我今天给你煲了汤，很养胃的。"听了妻子的这招呼，丈夫突然感动不已。

因为他知道这段时间自己说话一直是抱怨，可妻子的话一直温情有加，至此再也听不到他的抱怨之声了。

粗鲁、无礼会毁掉爱情的果实，毁掉婚姻的美好。你回忆一下，当你接待任何一位访客时，是不是多多少少总是比对待家人有礼貌得多？你绝不可能对正在说话的客人插嘴喊道："我的天啊！你怎么又在老调重弹了呢？"并且你也绝不会未获他人许可而私自拆阅他人信件，或窥伺他人隐私。

但是，你在发现自己最亲近的人犯了错的时候，哪怕是很微小的错，你都有可能公然破口大骂。很多夫妻就是这样慢慢地产生隔阂的。

而大多数女人都以为，结婚了彼此的距离就近了，根本不需要什么礼貌了。事实上，距离越近越容易伤害到彼此，就像两只刺猬互相取暖，太近的时候总是扎到对方，离太远了又感受不到彼此的温度，所以你要把握好这个度。既要对丈夫关心体贴，又要像对待朋友和客人那样，温文尔雅，谦让三分。

婚姻之道其实就是两个人的相处之道：聪明的女人，当你想对丈夫发火的时候，不妨把他当做你的朋友或者客人来对待。然后你就会发现，你的礼貌使你这只刺猬身上的刺不仅没有扎伤自己最亲近的人，反而使他感受到了你身上的温度。所以，在他的眼里，你仍然是那个结婚前的美丽天使，但比那时候更成熟，更有女人味。

那么，聪明的女人在与丈夫相处的时候又应当如何礼貌的说话呢？

1. 礼貌用语不可少

礼貌待人，和气说话，是沟通夫妻感情的重要条件。夫妻相处平日里不注重礼貌用语，不觉得有什么，但是一旦有矛盾，发生口角的时候往往就会话语带刺，或冷若冰霜。这样反而容易挫伤感情。如果平日就注意说话的礼仪，比如在家中也要使用"请"、"对不起"、"谢谢"、"再见"等礼貌用语，杜绝说粗话、伤人的话。

2. 不强势，协商着说

在家庭生活中，夫妻的地位是平等的。有商有量，互相尊重，这不仅仅是出于礼貌，而且是为了维护和发展已有的爱情。有的女人在家中，对丈夫习惯实行命令主义，总是说"不能那样做"、"要这样做"，丝毫没有商量的余地，这是不尊重人格的行为。遇到对方心境不好时，这些话往往会成为"战争"的导火索，所以要使用征求意见语。尽量不要说"你听我说"、"你知道吗"、"听我的没错"这类没有协商色彩的话，而应该多说"你看呢"、"这样行吗"一类的话，使双方产生相互平等、相互尊重的感觉。

3. 婉转地说

比如，丈夫说："我个子是不是太矮了。"你如果直说："是的，当初我应该找个比你高的。"那么丈夫一定很伤自尊。但是，如果你说："我如果真找了个高的，就不一定能碰上你这么好的。"这话既不违心，又能使丈夫得到安慰，是一种比较好的表达方法。

4. 从积极方面说

例如，你批评丈夫："你对家里的事太不关心了！"这往往会使丈夫不能接受，他们会说，"我怎么不关心了？"如果换一种积极性的说法，"你对家里的事比以前关心多了，如果再能多分点心，我就更显得年轻了。"这样的话，自然不会让丈夫反感。

5. 不贬低对方

如果你这样说："你还能升职？除非太阳从西边出来！"
这话就太伤丈夫自尊心了。男人最看重自尊，与他交流时，
切忌信口开河，说伤害他自尊心的话。

6. 不议论对方的亲属

有的女人常常这样指责丈夫："你怎么和你妈一个样"，
"你们家人都那德行"，光是谴责对方，这话说得就够重了，
还要株连到对方的母亲、亲戚，这就更加不妥了，怎能不让
对方反感呢！

综上所述，我们可能都会了解了，一个女人学会说话，
那么一个家庭想打架都找不出借口。

知心的话语让夫妻更加相亲相爱

一个会说话的女人甚至会把争吵也变成感情的催化剂，
而不会说话的女人则会让感情在争吵中越吵越淡。

夫妻相处，难免会产生磨擦，怎样对待磨擦，则是一门
艺术。当两口子发生冲突时，如果一方善用语言破解，结果
就会是另一种情景。

一个休息日，小邱约妻子一块上街购物。小邱穿戴完
毕，在门口等了好一阵子，还不见妻子出门，于是，他带着

怨气喊叫："你快点行不行，磨磨蹭蹭要等到几时？"妻子在屋里应着"来了来了"，一身华丽的衣着出了门。她右手挽着丈夫的胳膊，边娇嗔嗔地说："我打扮漂亮一点，还不是为你争脸？走咱们逛街去！"丈夫听罢，一肚子的怒气顿时消失得无影无踪。

可以设想，假如妻子听到丈夫的吼声之后，针尖对麦芒地埋怨道："你叫什么！你再这样催命鬼似的嚷嚷我干脆不去了！"这下肯定糟了，别说上街购物，就是小两口这一天的日子可能都不好过。然而，妻子很会说话，她深知夫妻闹矛盾时切忌火上浇油，千万不能对着干，所以，她只用一句话一个动作，便以柔克刚地化解了两人之间的矛盾，恢复了"双边"关系。

丈夫也是聪明人，他见妻子如此善待自己，深感羞愧，才走出几十步，就自我检讨了："刚才都怪我不好，不该对你发火。"妻子却朝他一乐："你知道了就好，下次见我发脾气，你也要让我一点啊！"

一个会说话的女人会把争吵变成感情的催化剂，而不会说话的女人则会让感情在争吵的硝烟中慢慢飘散。英国最新的一项调查表明，如果吵架讲艺术，并且善用吵架"秘诀"，架吵得好，也许可以成为俩人感情的催化剂，使两人的感情在经历"冲突"之后，比以前更加稳固、坚实。而这就取决于女人是否能够巧言应对。

两个人在一起时间长了，难免会吵架，俗话说"床头吵架床尾和"，关键就在于这架怎么吵才能不伤害感情，不闹得两败俱伤，反而能成为感情的催化剂，使得两人越吵越亲，感情指数上升。

所以吵架时，女人应切记以下几个技巧：

1. 要就事论事

在发生口角时，你的大脑是否仿佛有一个数据库，以前所有的委屈，他所有犯过的错，都忍不住要拿出来，甚至会把他的父母、朋友、同学，哪个看不顺眼的，都要借机数落一番。一个简单的争执，却因为你的乱"开炮"，从他身上扩展开去，牵扯到周围一大圈人，吵到最后，最初的原因都忘了，窝了一肚子气，撂下一句："这日子简直没法过了，我当初真是瞎了眼才嫁给你！"于是矛盾升级……

两人在一起相处久了，彼此经历的事情很多，吵架时切忌火上浇油，把"陈芝麻"、"烂谷子"都翻出来的话，只能增加彼此的怨气。只有就事论事，才不致使矛盾扩大，慢慢地就化解了。

2. 不要冷嘲热讽

有的女人就是喜欢说讽刺的话，她说："你不带我出去玩，你去忙你的吧，我还要多谢你给了我自由呢！"这种口气只会激怒对方。

讽刺的伤害是我们难以想象的，没有哪一个男人能够容忍妻子对自己的嘲讽。所以，即便是争吵，也不可冷嘲热讽。你可以说："你这周有事，那就下周再带我出去玩吧。"听了这话，他一定会答应你，而且会因为你的理解，等到下周的时候，推掉一切应酬也要带你出去。

3. 不要抢他的话头

吵架的时候，一些女人总是不等对方把话说完，以为自己完全知道他想说的是什么，这无非是"怨气"而已。

如果你拒绝倾听，那么对方怎么会注意倾听你的想法呢？告诉对方你的理解，以此来确定这是否是他想要表达的。在争吵时，常常用"你是说……""你的意思是……"的句型重复对方说过的话，如有误差则让他纠正你的错误理解，这样才能达到聆听的目的。避免因为误会引来更大的争吵。

4. 不要打消耗型冷战

有一招虽然不是很高明，但是几乎所有的女人都喜欢用，那就是冷战。吵架后，不接对方电话，故意"忘记"此前的约定，或者一气之下出去住……

女人等着他来给自己道歉，也许开始的时候他会来道歉，哄你开心。可是次数多了，这招也许就不那么管用了，而习惯了听道歉的女人自然也不会选择妥协。然后，冷战就成了一场赌博，冷掉的不是彼此之间的怨怒，而是感情。专家建议说，不要企图用冷战的形式去惩罚对方，因为这同时也在惩罚自己。

所以，不要把手机关掉，不要在朋友家待着，除非你真的不想回去了。其实，此时不如用积极一点的态度给争吵后的感情加温：回家一起吃饭。也不要犹豫要不要接听你们吵架后他打来的第一个电话，除非你永远都不想接听他的电话，否则第一个电话和第五个电话又有什么区别？

5. 正在气头上的时候要保持沉默

当你自己或他人的情绪正在气头上的时候最好闭口不

谈，从长远来说这是有益的。如果你跟丈夫发生争吵，你们两个人的情绪都很激动，那就等以后你们都冷静下来，能够心平气和地讨论问题的时候再安排时间交谈，只有在那个时候你们才能进行有实质意义的讨论而不是相互指责。

家是人生的幸福港湾，爱情是维系家庭稳定和活力的先决条件。但是这个幸福港湾的平静要靠双方良好的沟通和维护，如果不能够好好沟通和维护，那这个幸福的港湾就会波涛不断。

会说话，争吵也会变成甜味剂

生活中没有一对夫妻不吵架的，这是所有"过来人"的经验，而且，发生在夫妻中的争吵不全会演化成夫妻矛盾，相反，处理得好还会成为夫妻生活中的甜味剂，但我们也不否认有的夫妻吵到最终只好挥手说"拜拜"。

争吵的结果为什么会如此不同呢？怎样让不可避免的争吵变成生活中的调味剂，让一次争吵变成一举四得——情绪得到宣泄，问题得到澄清，沟通变得有效，亲密变得无间，这里可是有学问的。而那些低水平的争吵，只会伤害彼此的感情和信任。

一项调查表明，如果善用吵架"秘笈"，架吵的好，也许可以成为两人感情的催化剂，使你们的感情在经历"冲突"之后，比以前更加稳固和坚实。

生活中也常发生这样的事情：

有一家的女主人叫佳文。

一天丈夫疲惫地回到家里，佳文迎上去，娇声嗲气地说："老公，回来了。人家好想你哦。我要抱抱。"

虽然很累，但是丈夫还是很高兴地拥抱着佳文。

丈夫洗了把脸，坐在沙发上，问在一边看电视的佳文："亲爱的，我们今天晚上去吃什么啊。"

"不知道啊，随便你吧。"

"你不是喜欢吃料理吗？听说附近刚开了一家料理店，据说还不错。"

"我累死了，懒得走。"佳文躺在沙发上有气无力地回答。

"那我们就干脆去楼下吃火锅，怎么样？"丈夫又问。

"不行，我现在脸上有好多痘痘了。"

"那去旁边的饭店去吃拉面吧。"丈夫继续问。

"晕，今天中午我才吃的拉面。"

丈夫没辙了，想了半天说："那我们去吃海鲜怎么样？有个海鲜城现在搞活动，我上次跟同事去吃过，挺不错的。"

"现在的海鲜都不新鲜了，你难道忘了上次把肚子吃坏了？"佳文撅着嘴回答。

"那你说，你到底想吃什么！"又累又饿的丈夫有点不高兴了，声音也高了起来，其中不乏含着气恼。

"你喊什么喊，你还不高兴了？"

"本来么，这不吃，那不吃，到底你要怎么着啊！"

佳文这时候也觉得确实自己说话有问题了，于是她撒个娇，抱着丈夫，然后在他脸上亲了一口说："哎呀，别生气嘛。其实我……什么都不想吃，我就想吃你的猪头肉。"

这时候丈夫哭笑不得，回敬道："你才是猪呢？"

"对呀，我就是你的小猪，你可要保护我哦。"

丈夫什么都没有说，只是紧紧地抱住了佳文。

看吧，吵架也可以是很甜蜜的哦。会撒娇的女人懂得在矛盾爆发时用点调料调剂缓和一下，这样你的爱情和生活就会变得随心所欲、丰富多彩，还能拴住老公的身心，真是一举多得。

聪明的妻子是家庭矛盾的调解员

在一个家庭中，夫妻闹矛盾，长辈与小辈之间闹矛盾，都是正常的，但这种矛盾也有激化并引起家庭矛盾升级，全家人生活不愉快，但如果家庭中也时常有矛盾而家庭的女主人却豁达侃快，家庭矛盾就不易发展，且成为活跃家庭气氛的笑料。

有记者采访著名武打明星王卫奇，请他谈谈家庭生活对他事业的影响，他讲了这样一件往事，那还是他年轻的时候。

一天，王卫奇一家包饺子，母亲擀饺子皮，王卫奇夫妻俩包。不一会儿，王卫奇的儿子从外面跑进来并喊着："我也要包。"

奶奶说："好孙子，去洗了手再来。"

儿子没挪窝，在一旁蹭来蹭去。而他来气了，就吼儿子："蹭什么！还不去洗手，看弄得一身面粉，我看你今天要挨揍。"

"哇……"5岁的儿子竟哭了起来。

"孩子还小，懂什么？这么凶，别吓着他！"奶奶心疼孙子，没好气地说。

"都5岁了还不懂事，管孩子自有我的道理。护着他是害他！"

这时妻子也接茬了："5岁的孩子懂什么，好好说不行吗？动不动就吓他！"

这时的情况是：大人吼，孩子哭，看到这情况自己的妻子马上来了个大转弯，她说："我们都别吵了，再吵今天就要饿肚子啦，平日街邻都说我有福气，美慕我有一个热情好客、通情达理的婆婆，夸我有一位事业心强，关心家庭的丈夫，看我们这样，别人会笑话的，都是为孩子好。儿子还不快去让奶奶帮你洗洗手，叫奶奶不要生气了。"又转向丈夫："你看你，哪像人家夸的那样的优秀，在外是精英在家也应是楷模呀，不然我们怎么向你学习啊？"听了妻子的一番话，家里情绪极欢快了起来，那天的饺子吃的特别的爽。

　　家庭不怕起矛盾，就怕没人说好话。这一点说起来容易，但做起来并不是那么简单。当你对别人交谈时，如果你对他所说的话表示同意，这就是尊重他的意见，他在无形中把自己高抬了，而对于抬高他的你，自然会十分客气，也愿意和你做朋友。反过来说，如果你总是不能对他表示赞同，他会自然而然地觉得你是他的敌人而不是朋友，在这种情况下，他能和你好好地合作交谈吗？所以在说话的时候，我们一定要顾及他人的心态及立场，这在调解纠纷中，是十分关键的一点，保持和谐家庭生活，这一点很重要。

时常对爱人说一句"辛苦了"

　　在多数家庭中，男人为了事业、为了家庭长年打拼，再多的苦和累，他们默默承受；再多的委屈和辛酸，他们深埋心底。所以，当他拖着疲惫的步伐回到家里时，真诚地对他说一声："你辛苦了。"这会让他感到温暖和幸福，让他的疲劳消失殆尽。短短的一句话，表达的是你对他的理解和尊重，还有你对他深深的爱和浓浓的情。

　　其实，我们应该勇敢地告诉对方："亲爱的，谢谢你。谢谢你每天外出工作，给我们一个美好的家。我对此很感激。我真的尊重你和爱你。"不要吝啬你的赞美和感激，听到这些，你的老公只会更加积极地工作，更加爱你。

　　希尔博士当时作为一个正处于奋斗中的年轻传教士，生活困苦。一天晚上，他回家发现屋子里黑乎乎的。他打开门，看见妻子简准备了两个人的烛光晚餐。然后他到另外一间屋子，拍了一下开关，屋子里仍然是一片黑暗。希尔回到餐厅，问简为什么断电了。

　　"你工作这么努力，你辛苦了。我们都在尽力，"简说，"但是情况还是很糟糕，我们没有足够的钱来支付电费了。但是我不想让你知道这些，所以我决定我们吃一顿烛光晚餐。"

　　简凭直觉知道如何去支持丈夫和感激丈夫愿意保护和赡养家庭。虽然她本可以用一些批评的话或讽刺来使希尔博士垂头丧气，但她只想表达对希尔的爱和理解。

　　后来，希尔博士说起妻子说的这些话时，充满激情。"简本可以说：'我以前从来没遇到过这种情况。我们家里从来没有断过电。'她本可以摧毁我的锐气，她本可以伤害我，她本可以使我意志消沉的。但是她说：'无论如何，我们会重新用上电的。你辛苦了一天，今晚就让我们就着烛光吃饭吧。'"

　　正是妻子的信任和鼓励、尊重和感激，促使希尔发奋工作，最终有所成就。

　　聪明的女人要学会尊重和感激丈夫的辛劳。身披一身灰尘走进家门时说声"辛苦了"；当他用宽阔的肩膀为你遮风挡雨时，当他用温暖的目光融化你心中的坚冰时，记得说声"谢谢"；当他带你去户外度过了一个愉快的晚上时，你可以说"真谢谢你给了我如此难忘的时光，你今天辛苦了"；情人节，他送给你花，你可以说："谢谢你一直记得"。虽然这些都是日常生活中的小事，但在丈夫做了以后你一定要表示谢意和赞美，他也会从中体会到你的爱和温情。

李杰在公司的工作很辛苦，经常出差，常常把自己累得倒头就睡。但是再苦再累，他心里也很开心。每当他工作压力大心情烦躁的时候，就会从口袋里，拿出老婆秋霞写的信，一遍一遍地看。因为他从这封信中感觉到了妻子无尽的爱和关怀，所以不管付出多少辛苦，他也觉得值得。

妻子在信中说："老公，最近你很少有休班的日子了。工作越来越多，早出晚归。每天回来吃完饭的第一件事，就是睡觉，甚至有时候累得连脚都不想洗。其实我也知道你很累，但我还是得喊你洗脚。尽管你满腹抱怨，我也坚持，因为我想让你睡得舒服点。

"最近，你因为赶不上轻轨而只能住在公司。每天加班不说，还得隔三差五地出差，所以常常四五天我们都不能见面。老公，我知道你现在很累，也时常烦恼，所以我希望每天你都有一个好心情。我会好好地照顾儿子和自己，你别担心，安心工作吧。

"老公，虽然我们在一起的时间不是很多，但是我们的爱情和感情都很牢固。虽然我们不富裕，但是我们过得充实快乐。虽然你常不在家，但是我知道你的心里永远都在牵挂我和儿子。

"老公，为了我和儿子，还有咱这个家，真是辛苦你了！我和儿子永远都爱着你，永远都会陪在你身边支持你，会用我们的笑容和祝福为你打气、为你加油。最后，老公，我要说：谢谢你，谢谢你的温柔，谢谢你的爱，总之谢谢你给我的所有。"

真诚地对你的老公说一声："你辛苦了！谢谢。"这是在向老公传递信息：谢谢你带给我的力量，并且很喜欢依靠你的感觉。所以，尊重和感激老公的付出和努力，支持他。当他的决定很棒时，表扬他；当他做了一个不怎么样的决定时，你也要表示宽容，在孩子和外人面前给足他面子，用一张甜嘴和温柔的话语谢谢他给你真诚的爱，谢谢他在风雨中陪你一起前行，谢谢他让你成为骄傲的小女人，怀着一颗感恩的心，你们的爱情和婚姻一定能一路走好。

对爱的呵护不是一个阶段，而是整个人生

当男女双方确定了恋爱或婚姻关系后，粗心的男人会很容易就认定对方知道我爱她、支持她，所以不再那么殷勤地设法表达关怀与感激了。但是，聪明的女人知道：恋爱容易，维护感情难；结婚简单，婚姻可不容易。所以，爱他，

就不要隐藏在心底，努力表现出来，送他爱的叮咛，让他感受到你的关怀与爱意吧！

不可否认，两个人相处久了，生活就会慢慢平淡。因为男人忙着赚钱工作，没有时间和心情给女方精心安排惊喜了，而女人也忙于工作、家事而无法感知到对方的爱意了，所以，渐渐地彼此的爱情变得僵硬，甚至有时候还会怀疑曾经的爱是否还存在。

女人们，学会让爱活起来吧！在生活中，努力去表达自己的喜欢和关怀，努力去感谢他的好。你的细细爱意、丝丝关怀，要经常的这样会让他时刻感受到家的温暖。

史军事业陷入低谷时，女友离他而去。后来，偶遇许芬，在她的鼓励和支持下，史军努力工作，最终事业有成。

在史军心中，许芬虽不如前女友漂亮，但她更体贴，很会关心人、照顾人。在朋友聚会上，他喜欢海阔天空地神聊，许芬总是用赞许的眼神看着他。当史军喝酒喝得有些多时，许芬会悄悄在他耳边说："少喝点，你的胃会受不了的。"聚会过后，许芬会给史军开一些"处方"，说吃什么能解酒，喝酒后不要马上洗澡，等等。到了家，许芬也不忘打电话关心史军问他好些没有。史军对许芬的温柔叮咛和良苦用心甚是感动。

一年后，史军和许芬结婚了。可就在结婚三个月后，前女友给他打电话，说要见他。这让史军犹豫起来，他原以为自己沐浴在许芬爱的阳光下，已经忘记了那个抛弃自己的女人了。可是他无法骗自己，他的心里还有她的位置，他开始动摇，他告诉自己，自己只是和她见面，只要不让许芬知道，是不会伤害到她的。

于是，史军为了和前女友见面，以出差为借口去了海南。在那里，前女友告诉他，分手后她与新男友去了美国，后来，新男友抛弃了她。现在，她又把史军当作救命草，一定要他帮着办加拿大的移民，还自说自话地规划着他们俩的未来。史军忽然发现，眼前这个女人是那么的任性和自私，与善解人意的许芬是没法比的，想到这，他心里非常后悔与她见面。

想起许芬每天一个电话，不是监督他在做什么，而是告诉他海南的天气情况，叮嘱他明天应该穿什么，后天记得带伞什么的。史军这才知道，许芬是多么关心自己，一心都在自己身上。

第二天一早，史军斩钉截铁地拒绝了前女友，径直飞回了北京。当和许芬重逢的那一刻，看到了她温柔的笑脸，史军一阵心痛。他一下子紧紧把许芬拥到了怀里，他想这一辈子都要好好地爱她，给她幸福。

男人都喜欢漂亮的女人，但是他却不一定会娶一个自私冷漠的漂亮女人，虽然他曾为之动心。因为男人知道自己真正想要的是一个可以不断给予自己温柔关爱的女人。就算是大男子主义的拥护者，男人也还是喜欢自己的女人时时刻刻把自己放在心中，喜欢看女人为自己忙前忙后，喜欢听自己的女人细心地叮咛和交代。因为他深深地知道，只有一个女人真正爱一个男人的时候，才会把自己的爱恋、温情、牵挂、期盼都寄托在这爱的叮咛里。

现在社会的离婚率越来越高，很多人都认为"婚姻是爱情的坟墓"，所以害怕结婚。其实不是双方没有爱，而是不知道怎么维护爱和更新爱。若只用爱为借口，使用语言软暴力，那只会让老公离你越来越远。很多女人，总是站在自己的角度上，苛求自己的丈夫这也要行那也要行，总是抱怨自己的丈夫不风光，不富有，不潇洒。这样的女人既要让他出类拔萃，又要让他浪漫现实，如果稍不如意，不是哭天抹泪，就是找茬骂自己丈夫"窝囊废"，历数他一大堆不是，总在他面前絮絮叨叨个不停，不给他们一个安静、轻松的环境。这些所谓的"关怀"和"叮咛"实质上是对男人的伤害，而不是温柔体贴。

所以，想要征服一个男人，仅仅依靠光鲜的外表是不够的。善解人意的关怀，温柔体贴的叮咛，更能滋养男人的心。因为在男人眼里，懂得爱的叮咛的女人最有女人味。有了爱的叮咛，有了充满温暖的关怀，必定让男人心动。同样的，一个睿智的男人也会用爱回应你的关怀，体贴你的需要和希望，并不时安排约会和浪漫的独处时光，满足你愿被宠爱的需求，这样才能让两个人的爱情长长久久。

妯娌之间不说刻薄话

有人戏称：婆媳之间、妯娌之间的关系就是"天敌"关系，这句话得到了许多人的认同，这是把妯娌之间的互不搭理、剑拔弩张，甚至大动干戈的现实做了高度概括。如果你已经恋爱了，那么你在结婚之前，除了为融洽婆媳关系做好功课外，一定还要做好与妯娌相处的心理准备。

很多女人都爱为一些小事斤斤计较，处处总想着沾光，生怕吃亏。如果很不幸地，你遇到了这样一个女人做妯娌，那么你就一定要摆正心态。因为如果你也和对方一样以刻薄对刻薄，那么争吵斗气计较的日子就没完没了。如果妯娌之间能够谦让一点，不那么斤斤计较，说话不那么伤人，那么和睦相处也还是有可能的。

有两兄弟合伙在一所学校旁边开了一家饭店。由于经营有方，再加上地理位置优越，所以生意非常兴隆，兄弟俩也越干越起劲。但是，自从他们各自成家后，事情就来了。

两妯娌之间是你看我不顺眼，我看你不顺眼，回到家又各自向老公抱怨对方的不是。以前的时候，利润分成，兄弟俩谁多拿点，谁少拿点，都无所谓。但是现在，就是差一分钱，两妯娌也要闹个鸡犬不宁。

兄弟俩为此伤透了脑筋，最后不得不决定由一个来开了。可是下决定容易，关键是这个店，以后由谁来接手？这个店的生意好，自然是谁也不想轻易放弃以后赚钱的机会。为此，两妯娌又大战一场。"你凭什么就说你家接手？""我家老公是老大，出力多，自然归我们。""就凭他那脑子，你老公管你都顾不及了，还管这个店的生意。真的可笑。"两人就这样彼此讽刺，各不相让。

最后公公不得不插手此事，说老大应该让着小的，店留给弟弟，但以前盈利的钱，多分给老大一些，以作补偿。这下嫂子不乐意了，她不敢找公公理论，回家就和弟弟的媳妇吵起来。两人互相攻击，一家人搞得很是不愉快。

妯娌们来自于不同的家庭，她们的生活习惯、性格爱好以及受教育的程度等都不尽相同，甚至可能差距很大。但是，这并不能成为彼此相处不好的理由。如果双方都不谦让，想讨便宜占上风，那就会出现针尖对麦芒的局面，必然会把关系搞僵。而且，妯娌之间的矛盾如果处理不好就会影响兄弟之间的感情，甚至是一个家庭的和睦。

其实，有些聪明的女人懂得妯娌之间的相处最忌讳的是相互计较，说话刻薄，最可贵的是心胸宽广。既然已经成为了一家人，那你们就要彼此把心放宽一点，少说刻薄话。事实上，如果你自己能够先谦让，说话得理饶人，那事情就好办多了。

在处理妯娌关系的时候，你可以参考以下的建议，也许能帮助你减少一些麻烦和烦恼。

首先，妯娌关系的好坏可能会影响丈夫的兄弟关系，所以，你应当与自己的丈夫统一认识。只有夫妻间相互就一个问题达成共识。才能减少偏激的想法。而且，你是为了自己的丈夫和家庭才希望和妯娌和睦相处的，而不是为了和对方斗气争面子。时刻记住这一点，不和对方做无谓的计较。

其次，要了解妯娌的脾气，做好切合实际的相处策略。每个人的兴趣爱好乃至性格脾气都不同，因而同一句话、同一件事，发生在不同人身上的感受、反应是不一样的。留心观察和分析妯娌的脾气、性格和喜好，说话时用对方能接受的方式表达，这样你们就能减少一些语言暴力，多些沟通。

最后，谦让宽容，不卑不亢。在与妯娌相处时，包容对方和体谅对方，并不是要你对刻薄妯娌的过分言行忍让到底。如果对方不知收敛，那么不卑不亢地表达自己的意见，寻求公婆的支持和理解也是可行的。

现实中，妯娌敌视是个非常难解决的问题。聪明的女人懂得保持平常心，用谦和宽容的态度去处理彼此的纠纷，少说刻薄的伤人话，多些相互体谅和理解。

姑嫂间的矛盾多是由语句不当引起的

现在子女成家单过的多了，但也有众子女在老人家里聚会的机会，而姑嫂关系可以说是家庭关系中最敏感、最特殊、最容易出现矛盾的一个重要环节。如果姑嫂关系处理得好，则胜过亲姐妹，将会促进家庭团结和睦。反之，就会磨擦不断，给家庭生活埋下难以消除的阴影。

那为什么有人说姑嫂关系比婆媳关系更难处呢？这大多是因为小姑子在家庭中的地位比较特殊。小姑子是公婆的骨肉，同丈夫有手足之情，既得到公婆的宠爱，又常常受到丈夫的袒护。所以，如果小姑子认为你夺走了本属于自己的爱，或者她对你这个人不满意，挑剔你，那她就可能会成为婆媳矛盾、哥嫂不和的导火索。

新婚不久的王炎一脸愁苦，刚结婚时的幸福和喜悦荡然无存。原因就是小姑子。

王炎刚嫁到婆家，就发现家里的小姑子对她似乎十分不友好。小姑子经常对她大小眼，一天到晚没给她一个好脸色。平时做饭做家务，小姑子也在一旁指手画脚地挑剔她，更让她接受不了的是，小姑子当着婆婆和丈夫的面说自己的不是，使得原本不太喜欢自己的婆婆也待自己越来越冷淡了。

特别是最近，因为老公出差时给自己买了一条项链，小姑子为此在家闹翻了天。这回对她不仅怒目相视，还恶语相加。

面对这样一个"不好惹"的小姑子，她真是透了脑筋，她实在不知该怎样去应对。

在家庭关系特别是婆媳关系问题上，小姑子是个举足轻重的人物。俗话说："小姑贤，婆媳亲；小姑不贤，乱了心"，正是说的这个道理。

其实，按常理说，姑嫂之间应该是很亲的。在许多家庭中，姑嫂亲如姐妹。两人之间常常说悄悄话，特别是小姑子，常把有些不便对外人说的话对嫂嫂说，甚至连自身的终身大事也和嫂嫂商量。而"长嫂若母"的嫂嫂也无微不至地关心小姑子的生活，时不时地给小姑子提个建议，指个方向。可见，要想和小姑子相处融洽也不是不可能的，关键是双方都要把对方真正定位在亲人的位置上，少说外人话，多交流。

于君和小姑子小娴之间的关系一向很好，姑嫂之间可以说是无话不谈，亲如姐妹。

于君刚结婚的时候，就明白姑嫂不和比婆媳不和对家庭的伤害更大。尤其小姑子是婆婆的心头肉、小棉袄，自己对她的一言一行，婆婆都会看在眼里，这也在很大程度上左右着婆媳关系。

于是每到节假日，于君就主动开车到学校把住校读大学的小娴接回家，并给她做上一桌好吃的，为她改善生活。在吃饭的时候，于君总会当着丈夫、婆婆的面关心小姑子："在学校吃不好，回来就得多吃点。""天渐渐凉了，一会儿吃完饭我们一起去买床厚被子，你带回学校去。"

等小姑子要去上学的时候，于君又会当着婆婆的面给她几百块钱，并叮嘱她："在学校不仅要读好书，还要吃好喝好，该花钱的地方千万不要太省。"有了这样的嫂子，小姑子小娴打心眼里欢喜。无论有什么事，她都愿意直接找嫂子商量。

小姑子小娴大学毕业后，找到了一份不错的工作，于君还因此提议全家去饭店为小姑子庆祝了一番。此外，女人都爱逛街，于君就经常约小姑子去逛商场，顺便就给她买一些她喜欢的牛仔服、纱巾、化妆品之类的东西。在她心情不好，情绪低落的时候，于君每次都会尽力地开导她，为她解开心结。

后来，小姑嫁人了，又有了一个可爱的儿子。于是，于君每次给自己的孩子买衣服什么的，都不忘给小外甥也带上一份，还说："以后我就把这外甥当自己儿子待！决不允许任何人欺负他。"这让小姑很感动。

小姑经常对别人说，嫂嫂对人真心实意，甚至比哥哥对她要好。

作为嫂嫂，要想处理好姑嫂关系，聪明的女人一定对小姑子真心实意。除此之外，做到以下几点，也可以帮助你赢得小姑子的心：

1. 要尊重、理解小姑子，取得对方心理上的认同

尊重小姑子的人格和尊严，不贬低挖苦她；理解小姑子的难处，分享小姑子的悲喜，给她无微不至的关怀。只有这样小姑子才会在心理上认同你，才会拉近彼此之间的距离。

2. 不要斤斤计较，要宽容和包容小姑子

与小姑子生活在同一个屋檐下，往往会因为在某些事情上意见、态度、看法不一致而发生分歧，甚至会出现斗嘴，闹得不愉快。因此，作为嫂子一定要顾全大局，从维护家庭团结的良好愿望出发，明辨是非，不斤斤计较。同时，要避免言辞激烈，以免伤害对方感情。总之，对一些无关紧要的小事，应以不计较的态度，谦和忍让，豁达大度。这样小姑子也会体谅你的苦心。

3. 多关心小姑子的学习或工作

由于年龄差距，小姑子不是在上学就是刚参加工作。如果你真心实意地去关心、爱护她，结合自己的经验教小姑子如何去面对新的人生，如何处理与同事和领导的关系，那么她也会从你真挚的话语里体察到你的真情。

搞定姑嫂关系意义重大，因为如果媳妇与小姑子吵架斗气，那这一家子就不可能生活在轻松安宁的气氛中。因此，女人们一定要真心实意地关心小姑子，尊重宽容小姑子，把小姑子当成自己的亲妹妹一样对待，这样小姑子也会成为你婚姻幸福家庭和睦的助力。

母亲会说话，孩子受益一生

一个会说话的母亲对孩子的影响，积极引导，看起来事小，一时也看不到什么效果，但是母亲对孩子的影响是潜移默化的，足以影响孩子一生。

一位教育家曾经说过："父母教育孩子的最基本的形式，就是与孩子谈话。我深信世界上最好的教育，是在和家长的谈话中不知不觉地获得的。"而作为家庭教育的主体——母亲，如何与孩子说好话，具有非常重要的意义。

一个女人在没有孩子以前，生活中心是男人，有孩子以后，抚育孩子便成了中心。但是，教育孩子并不是一件容易的事。太过严厉对孩子的成长不利，还会影响母子关系；过于宽松，任由其自由发展，那就是放羊。很多女人都为孩子不听话而感到烦恼，如果在教育孩子的时候好好说话，得体地引导，你的孩子会变得乖巧听话。

古今中外的事例证实，凡是创造力强、有天赋的孩子，大都有强烈的责任感和好奇心，有学习研究的热情。如果父母对孩子的这种特性不加以正确的引导，或者置之不理，那么孩子的天赋往往会被埋没。达尔文正是因为有一个会说话的母亲，才走上了生物研究的道路。

达尔文是英国生物学家、进化论的奠基人，他1859年出版了《物种起源》这一划时代的著作，在生物科学上完成了一次革命。

达尔文从小就爱幻想，他热爱大自然，尤其喜欢打猎、采集矿物和动植物标本。他的父母十分重视和爱护儿子的好奇心和想象力，总是千方百计地支持孩子的兴趣和爱好，鼓励他去努力探索，这为达尔文能写出《物种起源》这一巨著打下了坚实的基础。

有一次小达尔文和妈妈到花园里给小树培土。妈妈说："泥土是个宝，小树有了泥土才能成长。别小看这泥土，是它长出了青草，喂肥了牛羊，我们才有奶喝，才有肉吃；是它长出了小麦和棉花，我们才有饭吃，才有衣穿。泥土太宝贵了。"听到这些话，小达尔文疑惑地问："妈妈，那泥土能不能长出小狗来？"

"不能呀！"妈妈笑着说，"小狗是狗妈妈生的，不是泥土里长出来的。"

达尔文又问："我是妈妈生的，妈妈是姥姥生的，对吗？"

"对呀！所有的人都是他们的妈妈生的。"妈妈和蔼地回答他。

"那最早的妈妈又是谁生的？"达尔文接着问。

"是上帝！"妈妈耐心地说。

"那上帝是谁生的呢？"小达尔文打破沙锅问到底。

妈妈答不上来了。她对达尔文说："孩子，世界上有好多事情对我们来说是个谜，你像小树一样快快长大吧，这些谜等待你们去解呢！"

于是，达尔文开始努力学习，以解除心中的一个个疑问。

母亲对孩子的影响是潜移默化的，通过朝夕相处，往往能影响孩子一生。达尔文如果没有一个循循善诱、会说话的妈妈，用鼓励的话语给他支持的话，也许就不会有后来的生物学家达尔文了。

母亲与孩子谈话，光有一副爱心是不够的，还必须掌握谈话的技巧。那么，母亲该怎样与孩子谈话呢？

1. 用体贴入微的理解代替"谆谆教诲"

只有在理解的基础上，父母与孩子之间有意义的交谈才会自然地发生；只有在理解的基础上，父母才能说该说的话，做该做的事；也只有在理解的基础上，孩子才能接受父母的谈话，并在无形中受到父母的影响。

2. 多表扬少批评

不要打击孩子的积极性，更不要泼冷水。

3. 长期坚持，耐心仔细

切忌"一厢情愿"，高估孩子的记忆容量和接收信息的能力。对待孩子要有耐心，对孩子的问题不要感到不耐烦，而要尽可能地细心回答。

4. 尊重孩子，和孩子平等对话

美国精神病学家威廉·哥德法勃曾经说过："教育孩子最重要的，是要把孩子当成与自己人格平等的人，给他们以无限的关爱。"只有像对待朋友那样去关爱子女，才有可能让孩子感受到平等。

5. 语言要通俗易懂

和孩子说话，重要的是根据孩子的特点，说孩子能听懂的话。只有这样，我们要传递的信息，才能最顺畅地到达孩子那里。

6. 对孩子多说些关心和爱护的话

孩子感受到你的爱和家庭的温暖，才能健康成长。

其实，只要你少一点应酬，少一点忙碌，多一点技巧，多用一点心思……你就都会成为孩子喜欢的"和我说话的人"，也能成为别人喜欢的"和我说话的人"！

会说话，婆媳和睦

怎样才能念好婆媳关系这本经，自古以来便是难题，婆媳语言交谈方式的好坏，直接影响着婆媳关系。如何说好话，和睦相处，绝对是一门艺术。

在整个家庭关系中，婆媳关系恐怕要算是重点和难点。尤其在新婚初期，往往是婆媳冲突的高峰期。婆媳关系的融洽与否直接影响着整个家庭的团结、和睦、安宁、幸福，甚至影响家庭成员的工作学习和家庭对外形象。对此，担任家庭"主力"角色的儿媳，应以良好的口才处理好与婆婆的关系，获取婆婆的信任和好感。其实，婆媳关系好与坏多发生在说话上，在语言上多理解、多宽容、相互多些赞美和关心的话，婆媳关系并不像有人说的那样，是一对"天敌"，我们说，会不会说话影响婆媳关系从下例就可得证明：

有一位年迈的婆婆在灯下做针线，而儿媳倚在床上哄孩子入睡。婆媳俩人开始对话了。婆婆说："听说老赵家的婆婆在看孙子的时候，不小心让筷子扎破了孙子的嗓子，儿媳整天斥骂婆婆。"媳妇说："那个儿媳也太不讲理了。"婆婆说："老太太气得寻死觅活的。"

媳妇说："嗓子破了上医院看呗，吵架有啥用？"婆婆说：

"就是呀，老的也不愿意这样的情况发生啊！"媳妇愕然。

瞧，这是多么糟糕的一次对话！如果改成另外一种交谈方式，效果就完全不同了。婆婆说："听说老赵家的婆婆看孙子的时候不小心让筷子扎破了孙子的嗓子，儿媳整天斥骂婆婆。"

媳妇说："真的吗？太不应该了！发生这样的事，家人都不愿看到，不该互相埋怨了。再说意外的事情总是有的，就是孩子他妈自己带孩子，也不能保证不出个什么事故呀。一个是儿子，一个是孙子，都是心头上的肉，谁还会是故意的。"

婆婆释然，说："是呀，我也是这么说嘛。"

看，这又是多么令人欣慰的交谈。

可见，婆媳语言交谈方式的好坏，直接影响着婆媳关系。

那么，怎样才能成功地与婆婆进行语言交流，进而与之和睦相处呢？

1. 采取灵活的说话方式

要奏好婆媳语言交际的交响曲，光了解老人心理是不够的，还需要根据具体交际中的主题和目的，采取容易让老人接受的说话方式，否则就有可能令老人不快。

2. 相互之间多一些赞扬的话

要主动和善于发现婆婆的优点，及时给予赞美。比如"地拖得真干净"、"妈，您穿这种颜色衣服真好看"、"妈，您能不能给我梳那种发式，我喜欢"，等等。这些不起眼的赞美可令婆婆心怀喜悦。

3. 说婆婆感兴趣的事

从婆婆喜欢的事入手，选准话题，激起她的兴趣。如果婆婆喜欢缝纫，不妨以请教的口吻请她谈谈这方面的事，她必定乐于向你介绍她的缝纫史以及一些专业知识，不仅对你有所裨益，而且能增进彼此感情，让婆婆觉得你很好学，肯干。

4. 凡事多让着婆婆，少争论

交际艺术家卡耐基说过，任何人都赢不了争论。况且婆媳之间不比辩论双方，非要争个高低，论个输赢。婆婆不喜欢儿媳当众或直接指出她的缺点错误，她会觉得长辈自尊受到了侵犯，势必要竭力维护，争辩到底，最终会导致婆媳关系的急剧变化。倘若确有必要纠正，也要采取委婉、间接方式，善意示之，而非指责。

5. 看到婆婆生气先主动道歉

争吵过后，冷静地思考原因，主动向婆婆赔不是。可直接向婆婆陈述自己的不对之处，诚心请求原谅。如果一时嘴上转不过弯，不妨在行动上表示歉意，比如多给她一些关照，使她先消消气，然后相机道歉。婆婆在这种情况下，一般不会再计较过去，就算有时火气大点，鉴于自己长辈的身份，也不便继续为难已经"认输"的儿媳。

需要注意的是，以上技巧的实施应始终围绕"真情换真心"这一原则。开诚布公，坦诚相待，真心真爱才是获取婆婆永久信赖、保持婆媳关系长期和谐融洽的关键。

听话的老公是夸出来的

有人说，女人欲望产生的最大原因是虚荣心，其实男人的虚荣心也很强烈，在男人的心里，也很喜欢得到自己心爱的妻子的赞扬。

男人的自尊心和虚荣心，是需要女人的照顾和捧场的。女人应该像保护自己的身体一样爱护男人的尊严，千万不要和男人的尊严较劲，以免因逞一时口舌之快，损坏了苦心经营的爱情。无论是在社会中，还是在家庭中，满足男人的虚荣心、努力维护男人的尊严，将会使男人更爱你、更依恋你。

生活中，总有些女人从来不懂得男人的心思，以为男人是自己的私有品，自己说什么他都不能怎么样。甚至还有些女人把丈夫当儿子一般来对待，口无遮拦，不讲策略，想怎么说就怎么说，总以为不会破坏这铁壁铜墙一般的恩爱亲情，其实这是大错特错的。

有些女人很少考虑男人的尊严问题，男人每天都在社会上闯荡，在社会上建立起的"公众形象"，以及在朋友堆里树立的"威望"。男人在社会生活中，总是拿出自己最优秀的一面展示出来，对于自己不优秀的东西、不好的东西，总是尽可能藏起来不显露出去。不良的东西暴露得越多，男人的尊严越无法提高，高品位自然无法形成，在社会上当然也就缺少地位。

于是，男人把积极的、向上的、道德的、豪情的东西贡献给了社会，而把自己放松的、欲望的、非道德的东西留给了家庭。如果女人经常把在家中对男人的印象，当作放之四海而皆准的尺度，那便是天大的错误。当男人在社会中搏击的时候，男人就要摆出自己的社会形象，并捍卫自己的"价值"与"尊严"。凡是有损于男人形象的言论都会深深激怒他。女人在这方面一定要谨慎，一定要学会夸你的老公。

夸自己心爱的男人，对任何女人来说都不是难题。但是，没有分寸没有原则的赞美，只会让男人自负或自恋。因此，赞美就如一件衣裳，好看但未必适合每个男人。女人要将赞美准确表达，也需要有独到的眼光。

好老公是夸出来的，只有毫不吝惜地赞美他，让他深刻感受到你的爱意与体贴，让他在你的赞美中觉醒奋起。那么，婚姻才会变得更坚固、更美满。

男人，都喜欢听好听的话，最希望得到妻子的赞赏、鼓励和肯定。适当的赞赏可以增强他的自信，提高他做事的兴趣，使他心甘情愿地围着你转。

一句"老公真好"，"我爱你，老公"，却会让他在以后的日子里更加努力，做得更好。

秋叶和老公终于如愿以偿，买了一套真正属于自己的房子。乔迁那天秋叶请来几位同事到家做客。为了向众姐妹显示她在家里的威力，便摆出一副"一把手"的架子，把老公支使得团团转。

　　老公已习惯了她指手画脚并不与之计较，于是让她们在客厅里高谈阔论，自己到厨房张罗饭菜，一阵忙碌，老公做了一桌子丰盛的佳肴。大家入座之后，秋叶似乎觉得还没过足"一把手"的瘾，不住地抱怨菜淡了，汤咸了，饭煮的太硬了……弄得同事和老公都不自在。一次愉快的聚会，经这样一搅，最后在尴尬气氛中不欢而散。

　　第二天上班，闲聊时同事朱大姐对秋叶说："昨天你有点儿过了，其实，我们都觉得你家老公挺好的，让他做什么就做什么，你还在大家面前嘲讽他，这也太不给他面子了。你应该知道，好老公是夸出来的。"

　　一个幸福美满的家庭，是需要两个人精心经营的。人们往往很容易原谅朋友的过失，却很难坦然面对爱人的缺点和错误。其实宽容不仅仅适用于朋友之间，夫妻之间尤其更需要宽容，更需要互相的包容，何必对自己的老公吹毛求疵呢。多一份宽容，多一份理解，多一份鼓励、欣赏，丈夫肯定会变得更加体贴。聪明的老婆，对所爱的老公绝不会吝啬赞赏和鼓励。

第九章
会说话的女人靠智慧赢得他人心

一个女人要在社会生活中很好的生存，除具备必要的专业技能、健康的身体条件外，还要有意识地培养诸如：处世能力、道德素质、说话办事能力等，来提高自己的处世能力和资本，在诸多的处世之本中，我们首推口才，原因很简单：一言之辩重于九鼎之宝，三寸之舌强于百万之师，有了好口才做处世之本，何患根基不稳呢？

说好场面话，聪明女人的话是暖的

所谓的场面话，就是在各种场合应景的话，多数是不便说的"违心话"，但在生活中，场面话不可不学，说好场面话是必备的处世手段。

当你需要称赞别人的时候，会夸大别人的优点；当你不忍拒绝别人的时候，会有所保留地应允；当你巧搪塞别人的时候，会先为对方找个适当的理由。这些话看上去都不够真实，但是它们可以令双方都欣然接受，不会闹出尴尬或者不愉快。凡事都留有余地，为别人，也为自己。因而，场面话便成为了社会生活中十分重要的一种现象。

说好场面话是生存所必须的智慧，这不是欺骗，也不是罪恶，而是人与人交往过程中的技巧。我们要学会在适当的场合下说出正确的场面话，更要学会分辨别人说的话里哪些是场面话，哪些是实话。如果将场面话当做实话来听，会令自己陷入自负或失望的境地；而如果将实话当成场面话来听，会挫伤说话人的感情，从而影响两人之间的关系。

通常，最常见的场面话有两种：一种是来自别人的夸赞。比如，称赞你的服饰前卫、漂亮；称赞你的工作出色；

223

称赞你的头脑聪明、会办事；称赞你的男朋友优秀等。另一种是不会立刻兑现，甚至是根本无法兑现的许诺，诸如"有什么问题尽管来找我"、"我一定尽力"、"我再想想办法"之类。

众所周知，场面话不可信。但是想要避免错信场面话，就要有分辨的能力。场面话人人都会说几句，但要是站在听众的角度，就不是每个人都能听得明明白白。尤其是涉世未深的人，尽管处处小心、步步留意，还是难免会在场面话里栽跟头。

按理来说，第一种场面话应该是最容易分辨的。因为每个人都了解自己，知道自己的相貌、头脑、能力到底处在什么水平，对于那些善意的夸张成分自然就不会认真，不过赚份好心情罢了。然而，我们回想一下就会发现，多数女人都有过被善意的"谎言"夸晕，而做出错误决定的经历。

某天，你与好友或同事一起逛街，在一家小店相中一款连衣裙。店主自然是使尽浑身解数，定要让你相信这条裙子绝对是为你量身定做的，当然价格也不菲。以你的眼光看来也确实挺不错，但仍然犹豫不决。这时，你一定会询问旁边的朋友。俗话说，"旁观者清"，这位朋友的确对它穿在你身上的效果有些想法。假如真的是特别好，那是皆大欢喜。可万一不太好，你也许就只能收获几句场面话了。因为这条裙子是你特别看好的，如果朋友说"不怎么样"、"没有想象那样好"便会影响你的心情。何况，人与人的眼光不同，朋友也不愿因自己的眼光害你错过喜欢的裙子。所以，她通常会用"挺好的"、"挺不错"、"挺漂亮的"来答复你。然后，你就会乐颠颠地把裙子买回家。

傍晚，当你在老公或父母面前炫耀这条裙子的时候，得到的回答很可能就是"一般"、"还凑合"、"也就那么回事"，等等。而后你再仔细在镜子前面比一比、照一照、看看材质，或许就不像在店里时那么喜欢了。

小小的虚荣心往往使得女人们对于赞美之词照单全收，很少有人能真正冷静下来，认清别人的话里究竟有几分真实。除非是特别明显的吹捧，否则女人们还是会找不着北。以前，"白领"受人推崇的时候，卖东西的店家喜欢称呼"小姐"。而今，美女、仙女、MM 等词汇逐渐流行起来，叫得人心旷神怡。其实，细细想来，这些都不过是"场面话"而已，盲目地相信是会吃亏的。

如果说在第一种场面话中吃点儿小亏不算什么，那么第二种场面话可就不那么简单了。处理不当不仅会破坏人际关系，还会耽误自己的前程。

一位朋友曾讲述过她小时候的幼稚经历：

春节时，妈妈的朋友悄悄给了她一百元压岁钱，并叮嘱她千万别告诉妈妈。那时候她的思想特别单纯，竟将这位阿姨的话信以为真，真的没有告诉妈妈。过了几天，她的妈妈去参加朋友聚会，回来之后便问起这件事，还将她训斥了一通。

原来，聚会时，那位阿姨在饭桌上向她妈妈提起压岁钱的事儿，本想讨几句感谢的话，没想到她妈妈却一无所知，只得匆忙应付了几句场面话，弄得十分尴尬。

当时，这位朋友还觉得特别委屈、特别伤心，怎么都想不通那位阿姨为什么要"当面一套，背后一套"，还在心里默默地想：不就是一百元钱嘛，宁可不要也不愿受这样的气。往后她再见到那位阿姨也不愿意打招呼，总是冷着脸。等她渐渐长大，才明白那时候那位阿姨不过是讲了句场面话而已。

小孩子误将场面话当成真话、实话，只当是成长过程中的一个教训也就是了。而成年人在工作中犯下如此错误，就会给自己带来不必要的麻烦。比如，某些人对领导唯命是从，领导安排的每一件工作都尽力完成，从不懈怠，结果在领导眼中却成了死板、教条、不变通的人。还有些人将同事的一句"有什么事尽管来问我"当成实话，真的隔三差五便去麻烦别人，最后只能招人厌恶。想要避免这些失误，就要善于琢磨别人的心思。

张帆是某家公司的经理助理，头脑灵活、精明能干，特别讨经理喜欢。因工作关系，她常常要与经理一起应付各种饭局。席间，宾客们时常当着经理的面称赞她，经理也表示要好好培养她，逐渐让她接手公司的核心业务。这些话听来固然振奋人心，但张帆心里明白，不能当真。果然，整整一年下来，那位经理始终没有提起让她学习业务的事。

假如张帆不懂分辨场面话，误以为经理说的话是对自己未来发展的承诺，而表现出一副积极努力的样子，随时准备接受领导的培养，那么最终就会令她失望透顶。幸而张帆在权衡公司的情况时就已明白，如果经理把自己的业务经验传授给她，无疑等于为自己树立了一个竞争对手。所以，老谋深算的经理绝不会这么傻，她也就不必有所期待。

分辨场面话即会听也会说需要常识、经验与阅历，这不是一朝一夕能够练就的。但只要多思考、多留意、多积累就不难掌握。

会说一口漂亮话，在交际中圆融通达

会说话的女人说得人"笑"，不会说话的说得人"跳"。事实上也是如此，一个会说话的女人总是讨人喜欢的，同样的话，从她们的嘴里说出来就是一颗甜丝丝的糖果，而在那些不会说话的女人嘴里就是一把伤人的刀。

女人可以长得不漂亮，但是必须说得漂亮，无论什么时候，渊博的知识、良好的修养、文明的举止、优雅的谈吐、出口不凡的表达，一定可以让女人活得潇洒快活。人们也都喜欢会说话的女人，她们说出来的话总是能让人高兴地接受，听着心里也舒坦。

比如：两个女人说同样一件事，其中一个说："她皮肤很白，但是长得太胖了。"另一个则说："她稍微有点胖，但是皮肤很白。"假如这两句话是说你的，你更喜欢哪一种说法呢？是不是后者让人感觉更舒服？可见，同样的一句话，只是稍微改变一下说法，就可产生完全不同的效果。

因此，女人要会说话，就要掌握各种说话的技巧和艺术，通过说话来展示自己的魅力，让大家都喜欢你。以下几点可供借鉴：

1. 恰到好处地说"请多关照"

"请多关照"这个词，很多时候都会使你产生意想不到的魅力。但你说"请多关照"字必须诚心诚意，并要让人感觉到这一点。道谢时要指名道姓并且直截了当，不要含糊不清，也不要不好意思。要养成找机会感谢别人的习惯，尤其当别人没有想到时，一句出人意料的真心的"请多关照"，会让人满心欢喜。但要注意千万不要虚假客套，那样别人会感觉得出来，并且觉得不舒服。

2. 多赞美，多说高兴事

与他人相处时，应尽可能地赞美他人的优点，多谈愉快的事情。赞美和鼓励会使别人对你满怀好感和谢意。当然，吹捧和奉承是会令人反感的。与别人谈话要使双方都感到愉悦，这样的谈话才可能很好地继续下去。

3. 表达不同意见要有策略

当你要表达不同意见的时候，千万不要认为只有自己最高明，当然也不要心里有意见，也不能人云亦云，而要诚恳地表达自己的看法，同时又不得罪人。这就要求你说话要温和委婉，尽量不要触怒对方，给对方足够的面子，同时也让他明白你的想法。

4. 善于了解对方的情感

只有在了解了对方的心理和情感的基础上，才有可能正确地选择该讲什么、不该讲什么，使对方与你产生共鸣，使说话的气氛变得轻松愉快。因此，我们在同别人谈话时，要根据对方的心理及时调整自己的心理和情感，注意自己的神态举止和措词，让别人乐于听你讲话。

5. 措词尽量简洁高雅

不要讲让人难懂的词，不要滥用术语，不要说自己也不懂的话，同样的言词不可用得太频繁，不要运用流行语的口头禅，不要讲粗俗的话。你要尽量使用适合对方的话，多使用能使对方感觉轻松愉悦的话，尽量简明扼要地表达自己的意思。如果你在说话时能措词简洁、生动、高雅又贴切，那么你就会成为一位说话高手。

6. 说人不说短，恭维不过分

人群相聚，难免闲聊，天上的星河、地上的花草、昨天的消息、今日的新闻，往往都是绝好的谈资，何必非要东家长西家短地无事生非呢？同样，对人客气本是一大优点，但过分的客气就让人不舒服了，会让人觉得缺乏诚意。恭维他人的话也一样，一不能乱说，二不能不分对象地套用同一种说法，三不可多说。

7. 不可过分自夸

赞美的话，若出自别人的口，那才有价值。如果自己说了，别人会看不上你的。而且一般来说，人们总是对自己所经历的事情感兴趣，对与自己无关的事不会太关心，因此在与别人交谈时，尽量少谈自己，不要喋喋不休地夸耀自己的工作、生活、孩子等。除非双方都感兴趣，否则还是谈点别的话题为佳。

8. 开玩笑要掌握分寸

开玩笑不要过头，要懂得适可而止。不是说相熟的朋友在一起不可以开玩笑，但在开玩笑前，先要注意你所选择的人是否能接受得起你所开的玩笑。而且开玩笑，说几句话就罢了，不要无休无止，不可令对方难堪。因为开了一句玩笑而让大家不欢而散的话，那就没什么意思了。

一个聪明的女人都会在日常生活中，很刻意地去留意以上的说话技巧，从而达成自己的目的。

"朦胧话"关键时刻能帮上你

一般来说，在人际交往中，大家都力求把话说得简洁明快，清晰易懂。但是在特殊场合下，模糊朦胧、若即若离的语言反而更显和谐幽默，散发出独特的魅力。

一次，在世界田径锦标赛上，我国女子铅球冠军隋新梅成为各国记者和教练员关注的夺标热点人物，不少人想方设法接近她，想从她嘴里探听情况。

对此，隋新梅并没有对记者拒而不见，也没有漠然以对，而是爽爽快快地回答了记者的提问。

有记者问她是怎样训练的，她说："我身上有很多伤，要靠脑子练。"另一名记者马上问："你身上都有哪些伤？"她说："好的地方少，伤的地方多。"又有记者问："谁是你的对手？"她答道："每个人都是。"

这里，隋新梅对记者们连珠炮般的提问都一一作答，但把每个答案内容都作了模糊处理，信息度为零，形成了"全答＝没答"的奇妙等式，使得当时在场的外国记者、教练在大失所望之余，不得不啧啧赞叹这位中国姑娘迷人的风采和高超的应变能力。

这就是典型的模糊语言。

在言语交际中，要做到信息量充分而恰当，恰到好处地完成交际任务，是要有一定匠心的。可是有的谈话者在交谈时，常常犹恐语不尽意，在必要信息已基本传达完以后，或仍然不放心地添上几句，或出于习惯，无意识地多言几句，从而造成偏离原有谈话方向、破坏原有谈话意图的负面影响。所以，为了避免这种得不偿失的负面影响，不妨把话说得巧妙而模糊。

当然，语言模糊不等于意思模糊。说话者之所以没有"开诚布公"，大多是为了避免双方陷入尴尬的处境，但说者和听者，则都是心照不宣的。下面就"意思"这个词来做示范。

周末快下班时，张大姐看见小董塞给同事白羽一张电影票，于是对白羽说："我看小董对你有点意思。"白羽听了，羞涩地莞尔一笑。

在所有模糊语中，使用最多的是"那个"。凡是不便挑明的事情，几乎都可以用它来代替。请看下面几例：

上次你给我介绍的男朋友，哪儿都不错，就是长得有点那个。

常欣忒新潮，一到夏天，她穿得可那个了。

顾客指着篓子里的乌龟问摊主：你这个——那个多少钱一斤？

模糊语言大多在日常生活中使用，但也有人能把它巧妙地用在"正规场合"。

美国联邦储备委员会主席格林斯潘就有这种本事，他为了不让富人根据他的讲话去决定投资方向或到股市去押宝，便练就了一种类似外星人语的模糊语言，每次讲话，总是用非常专业的经济术语，东一榔头，西一棒槌，深不可测，模棱两可。每一个单词都说得很清楚，可是连成句子却怎么也理解不清，几乎让所有的银行家和企业家都听得一头雾水。

政治家能把口才修炼到这种地步也实属不易。也许正因为如此，格林斯潘从 1987 年出任美联储掌门以来，总统已选了五届，但他却一路辉煌，春风得意，这个已是 79 岁高龄的老头儿成了美国经济的不倒翁，类似"格氏打喷嚏，全球都感冒"的说法在各国不绝于耳。

不过，每一枚硬币都有正反面。据说，由于格林斯潘运用模糊语言的水平太高，还差一点葬送了自己的幸福生活。和他相恋十二年的女友，因为听不懂他求婚时的模糊语言，多次错失良机，后经友人点拨，女友才恍然大悟，两人最终结成秦晋之好。

在生活中，说话模糊点有时是十分有必要的。

吕坤性格直率，为人热心肠。在以前的公司时，同事听说吕坤离中关村很近，经常让她带电脑配件。不但费心费力费时，还要经常拿着配件挤公交车，时间一长，吕坤有点应对不起了，从此再碰到有人问住址的时候，她就一律以笼统的"北边"来回答了。

看来，因地因时地使用模糊语言，有时是使自己免除劳顿之苦的有效手段。直言固然坦率，曲径也可通幽。必要的时候，还是要学会拐弯抹角。

语言是丰富多彩的，同一个思想可以由不同的言语方式表达，直截了当也好，拐弯抹角也罢，贵在恰如其分，恰到好处，收到最佳的语言效果。

说话要拐弯，应该是针对那些耿直的或是不太会说话的人。同样一件事，不同的方式、语气，甚至是时机，反映出的效果也会大相径庭。说话前，仔细想想，用什么方式说对方会接受。三思而后说，"拐弯抹角"，不是一种言语病态，而是一种言语智慧。

要说就一下说到对方的心坎上

作为一个女人，要想在生活中多一些朋友，多一些方便，能给别人留下一些印象，让自己的话能打动人心是必须的。

杜甫有两句流传十分久远的诗句："感时花溅泪，恨别鸟惊心。"这两句诗之所以流传非常广泛，就是因为能打动人心。所以，至今我们读这两句诗，仍能感到心有所动，让人唏嘘不已。

在我们的人生中，也许必须说很多无用的话、没有感情的话、言之无物的话、浪费唾沫的话，那些话不要说别人听了，自己说出来都会觉得十分乏味。

在许多交际场合，人们听惯了不想听的话，但又不能不听、不能不说。因为有些话都徒有形式，没有内容，缺乏感情，听得人心烦却又不能不应付。面对大家都在寒暄，都在客套，都在有口无心的时候，如果能别开生面，表达真情，便能打动人心。

一次，公司老板宴请公司员工。在酒桌上，老板给每个员工敬酒。酒酣耳热之际，不管是男员工还是女员工也轮番给老板敬酒，但老板注意到了所有的员工都边敬酒边奉承，可一位叫吴杰的姑娘始终坐在那里没动，于是老板便端着酒杯走上前说："你今天怎么一言不发，也不喝酒？"

这时，吴杰站起来端着酒杯，笑了笑说："不是不想说，而是没有太多机会，而且喝的太多说话就缺少真情和逻辑，虚伪和奉承话不说也罢，要说的时候我也要你真听。"

老板听了这几句话，笑了："什么也不要说了，今天先喝了这杯酒，你这话我爱听。"

后来，吴杰在以后的工作中引起了老板的重视。

吴杰的话，为什么能打动老板？在生意场上，更多的是应酬，是逢场作戏，即使是在宴请下属时，也不过是一种公关活动，是工作上的需要，并不完全出自于真情。所以，那样的场合不说不合乎规则，说了自己心里并不舒服。而吴杰的话一是十分简明地道出了自己沉默的原因，同时也说出了领导的不得不应酬的苦衷。几句话虽然只是道出了实情，但却由于真实地描述了当时两个人的心境，所以一下子打动了老板的心。

你不难发现，有人与人交谈，一句话就抓住了对方，让对方愿意听乐意说，或者一下子就征服了对方，对其产生特别的好感，这是一个很实在的本领。平时说话，你几句话就能打动人心，迅速形成融洽热烈的交谈局面，双方谈得很投机、很倾心，就能顺利达到交流的目的。

与人交谈，有时可能"话不投机半句多"；如果说话投缘，就会"言逢知己千句少"，给交际架起绚丽的彩虹。那么，与人交谈时，如何才能把话说到对方心坎上去呢？选择好话题和真诚是最起码也是最重要的两个方面。

1. 看人选择话题

谁都希望别人关心自己，如果你对准对方选择话题，对方就会倍感兴趣。比如你同恋人初约黄昏后，你就对方的工作、兴趣等展开话题，对方就会敞开心扉，打开话匣子，兴致勃勃地与你海聊神侃起来。再如你与同事交谈，别过分以"我"为中心。话题跳不开一个"我"字，对方至多出于礼貌应付几句。如果你谈谈对方的职称评定情况、孩子的升学情况、爱人下岗后就业情况，对方一定会有一肚子话被你勾起。

在交谈中，与对方心思的契合度越高，你的交谈就越能打动对方的心，为对方所欢迎。为此你要多了解对方，多读点儿心理学，做到一语中的。

2. 表现你的真诚

真诚总能打动别人的心，把自己的真心捧在手心，别人就会推心置腹地与你畅谈。比如你与陌生人之间本是隔了一层的，你的真诚会让对方怦然心动，那种防备心理就会为之融化。再如与异性交谈，双方存在性别差异，矜持和自重之心很难让人尤其是女性对一个异性过多地敞开心扉。但是谁也拒绝不了真诚之心。真诚代表着一颗冰清玉洁的纯净之心，让人禁不住心驰神注。

真诚是别人感受得到的。人具有这样的天性，可以表现出你的真诚，让你的真诚更加淋漓尽致，更具有表现力。比如你的表情、眼神、语气、话语本身，都可用以表现真诚。就是说，你既要让真诚自然显露，又要善于表现真诚。

因此，要把话说到别人的心里，需要你有着良好的综合素质、较高的洞悉人际关系的能力、随机应变的急智和巧舌如簧的口才，做到这些绝非一日之功，是需要长期积累和锤炼的。一句话，口才来自生活，升华于实践，要想成为说话高手，还需要注意平时的积累和实践。

低调做人，说软话不吃亏

按着人本善良来判断，人们普遍有吃软不吃硬的心态。在求人办事时，如果以命令的口吻要求对方，对方不但会不加理睬，说不定语气还更强硬。但如果以女人特有的优势来"软"的，对方反倒产生同情心。纵使自己为难，也会满足你的要求。

在求人办事的时候，硬话和直言直语都是伤人伤己的双

面利刃。对对方说硬话，会让对方感觉自尊受伤。为了维护
自己的颜面，对方一定会回以硬话，甚至甩手走人。因此，
求人办事时最忌讳的就是直来直去，以硬碰硬。这样，即使
再有理的事情往往也得不到妥善解决。

其实，相对于硬话，软话更能打动人。委婉含蓄的语
言，既能满足人们心理上的自尊感，使其产生认同感，又
是劝说他人的法宝。聪明的女人往往说话委婉含蓄，硬话软
说，以达到事半功倍的效果。事实上，有时候，温柔比皮鞭
更有力，软话比硬话更动人。

刘英出差，在街头的一个小摊位上买了几件小礼物，准
备送给亲朋好友。在摊位上掏钱付款时，发现少了三百元
钱。而这个小摊前只有她们两个人，显然与摊主有关。但因
为没有当场抓住对方，担心自己提及此事，摊主翻脸说她诬
陷人。

在这种情况，换做其他女人，一定火冒三丈。但刘英没
有和对方来"硬"的，而是压低声音，悄悄地说："摊主，
我一下子照顾了你百十来元的生意，你怎么能这样对待我
呢？你在这个热闹街道摆摊，一个月收入少不了要上千元。
我想你绝对看不上那几张百元的。再说，你们做生意的，信
誉要紧啊！"

刘英见摊主似有所动，又恳求道："那是朋友的，丢了
我真没法交待，你就替我仔细找找吧，或许忙乱中掉到哪件

小玩意里去了。我知道，你们还是能体谅人的。"

摊主终于被刘英说动了，于是就坡下驴，在一个陶瓷瓶底下找出了三百元钱，不好意思地交给刘英。

有很多事情是不能直来直去的，特别是在求人办事的时候。直接要求对方为你办事，往往不太容易被人所接受。如果换一个角度，说说"软"话，就会让对方觉得自己是在吃糖，心里甜甜的。如果一个女人善用柔和的言辞、善意的提醒和关照的方式，委婉地表达自己的要求，就能使自己的要求变得充满人情味，从而让人欣然接受。

从某种意义上来讲，这就是绵里藏针，软中带硬。软就是说话时的语气和态度都比较和缓；硬就是表达的深层内容中有比较强硬的成分。

商场业务员李娟在接待一位女顾客时对方挑得相当仔细，足足用了几十分钟还没有挑好。店内客人比较多，李娟就去接待其他客人。这时，这位女顾客把脸一沉，大声指责道："你这是什么服务态度，你没看见我先来，他们后来吗？为什么扔下我不管了。"

如果遇上楞头青，肯定会吵起来。然而，李娟走过来和颜悦色地说："请您原谅，我们店生意忙，对您服务不周，让您久等了。我服务态度不好，欢迎您多提宝贵意见。"

这话说得女顾客也不好意思了。她面呈愧色，连声道歉："我的话说得不好听，也请你原谅。"

　　遇上不讲理的事，聪明的女人就能在原则不变的前提下，硬话软说。软话往往能为你赢得公众的理解与支持，这样你就成功了一半。求人办事的时候，如果对方说硬话，你也说硬话，那什么事也不会办成。聪明的女人要懂得以柔克刚，不妨放低姿态，硬话软说。这样以"软"对"硬"，表面上"似水柔情"，实际上却"力胜千钧"。

　　俗话说，人心都是肉长的。在求人办事的关键时刻，女人不失时机地滴下几滴可怜兮兮的眼泪，更可以迅速调动起对方的同情心，使双方在感情上产生共鸣。其实，眼泪就是一把结结实实的软刀子。大多数人对这类"软刀子"往往掉以轻心，总以为它不如"硬刀子"那样可怕。但事实上却正好相反，"软刀子"往往具备相当大的杀伤力。"眼泪"这个东西对于女人来说，常常代表着求怜和示弱，所以成功女人，正好利用它得到别人的同情，让自己顺利地把事办成。

　　成功女人知道别人都抵不过女人的三句软话，因此在说话办事的时候，女人们就尽其所能地硬话软说，多说软话，以达到事半功倍的效果。其实，说软话，是一种语言修养，也是一种做人的心态。聪明的女人要保持谦和，学会不张狂，具有亲和力地说话，这样你就能修炼自己的"软话功"。

善于拿捏说话分寸是一种过硬的本事

生活中对于一个女人而言，只有说话有分寸，别人才能够接纳你、帮助你、尊重你的要求。

一个女人想要在交际中获得成功，方法有很多种，但是每种方法都要讲究"分寸"。无论是说话的分寸，还是办事的分寸，差不多都蕴含着尺度的玄机。事实上，一个女人在社会中，最不爱把握的就是分寸二字，而若把握不好分寸，无论说话、办事都无法达到很好的效果，这样一来，何谈人际交往呢？

的确，纵观社会上有所成就的女人，哪个不是说话、办事儿很有分寸的人呢？哪一个不是把话说得很得体，恰到好处呢？因为他们知道，这说话的分寸关系着他们的前程。虽然，你的生活中没有随时随地都会冒出来的"狗仔队"，也没有人很较真地反复研究你说话的含义，但如果你想要获得成功，就必须时刻把握好自己说话的分寸。

那么，什么是说话的分寸呢？从某种意义上讲，分寸与中庸有着类似的意思，不偏不倚刚刚好就是分寸。但事实上，分寸本质的含义却很深远，对于现代女性来说，有分寸的语言可不是如古时候的之乎者也，而是指你有没有说了不该说的话，是否恰当地表达了自己的意思，有没有画蛇添足等。

提到分寸，人们也常常联想到另一个词语，就是"掌握火候"，那么，这"火候"与"分寸"之间究竟存在着什么联系呢？

一方面，说话不到位不行，因为说不到位，别人就可能无法明白你的意思，无法理解，甚至会产生歧义，同时也会让你提出的建议不被重视或接受。这样非但不利于你办成事，还可能制造不必要的麻烦，常常给人一种你很弱势的感觉，无法得到他人的欣赏及好感。

但另一方面，你若是说得过头，要求太高，就很容易给人一种尖酸刻薄的感觉，让人听了非常不舒服，觉得你这人不识大体，甚至是不知好歹，这样你就会被大部分人"敬而远之"，也同样无法获得他人的好感，没有办法与人开展良好的沟通。

你说得太木讷，人家不懂，还会笑你傻；你说得太透彻，别人又会说你不懂人情世故；你说得太幼稚，人家会看不起你，觉得你的观点和思想不成熟；你要是说得太烦琐，人家同样会觉得你故弄玄虚，不够真诚……

由此不难看出，说话不掌握分寸是不行的。对于一个女人而言，只有说话有分寸别人才能够接纳你、帮助你、尊重你并且满足你的要求。反之，如果你说话不懂得拿捏，随便乱说，那么，只会让你身边的人讨厌你。试问，有谁愿意帮助一个自己讨厌的人呢？

一个懂得分寸的女人，会把一句很平常的话说得很有感情，十分中听，让听的人觉得舒服。

一位商场的女老板就极谙此道。每一次她叫员工去办公室的时候，从来不会像其他上级那样习惯地说："××一会儿来我的办公室一趟。"而是大多会说："×× 我在办公室等你。"这样让员工听着很舒服，也不那么紧张了，自己处理起问题来也相对容易多了。

事实上，说话得讲究分寸对中国女性而言更是如此，为什么呢？因为，中国人好讲究人缘，你人缘好自然好办事儿。那么，你的人缘靠什么维护呢？靠的其实就是嘴上的分寸。一句话说错了，有可能毁掉一段美好的婚姻，一份不错的工作……但一句话说对了，则有可能平步青云，扶摇直上。所以，聪明的女人，想要在社会上体面地生活，幸福地生活，成功地生活，就一定要掌握好嘴上的"分寸"！

好口才伴随好命运

好口才伴随好命运并不是夸大其词，生活中，会说话不但会获得好人缘、好办事，还可化解许多困境和危机。

有几个制鞋女工闲聊，聊的太专注了，竟忘了已经超过了午休时间，组长赵大凤看见了，大声斥责她们，并声称月底要扣她们的奖金，女工们不声不响地回到各自的岗位上，但都恨死了赵大凤：都是女人，不就是耽误了几分钟时间吗，又不是故意的，在老板面前逞什么能，走着瞧，有你好看的。她们的副组长李媛则安慰她们说："姐妹们别生气了，下一回注意就是了，我去做做赵大凤的工作，让她别向老板反映这件事。"此后这个组总是不能按时完成任务，有人反映说这是赵大凤管理不当造成的，两个月后，老板提升李媛为组长，赵大凤被免职了，而后，任务也能按时完成了。

究其原因，一定是赵大凤得罪众员工，被别人暗中散布坏话，也是其语言不当害了她，相反李媛和善的语言赢得了员工的支持使自己升了职。

有一个女出租车司机，在把一名男青年送到指定的地点后，对方突然掏出尖刀，威胁她把身上的钱全掏出来。这时，女司机没有慌张，她冷静地把当天的300元收入递给对方，还关切地说道："今天就挣了这些，要不我把零钱也给你吧？"说着，又将口袋里的20元零钱也递给了青年。

那个抢劫者见女司机如此镇定，如此自然，不禁有些发愣。听到女司机提出再送他一程的建议时，他没有反对。

当车上的气氛缓和后，女司机便用忧伤的语调，说起了自己的过去："你的心情我能理解。我家前几年也很困难，父母常年有病，我和弟弟经常遭受别人白眼。一次，弟弟在珠宝店偷了一个有钱人的提包，在对方的追赶下，跑经十字路口时，不幸滑倒，被一辆大货车碾了过去……我不认为弟弟是个坏人。后来我学驾驶，又借钱买了这辆车。我不信自己就应该受别人冷落。只要自己瞧得起自己，别人的态度不用去计较。"听着这些话，青年一言不发。

女司机忍住了泪水，接着说道："但我不能原谅弟弟的是，他有什么想法从不跟我说，不然他也不会……他的死真不值得。"女司机呜咽了起来，再也说不下去了。

"停车，快停车。"男青年突然大叫。

当车停到路边时，男青年把320元钱恭恭敬敬地放在女司机旁边的座位上，同时低声说道："大姐，谢谢您。"说完后，他推门下车，头也不回地走了。

从这名女司机坦然的话语中，你不能不对她的那份从容和宽容感到震撼。是的，世界上没有天生的恶人，任何一个人来到人世都没有抱着威胁他人的目的。只不过大多数人能够冷静面对自己的先天"劣势"，并决心凭自己的力量去改变，而有极少数人却产生错觉，将一切不幸归咎到外界，以致犯下不该犯的错误。

女司机的聪明之处在于她没有去指责男青年的过错，而是用理解和体谅的话语宽恕了他。而从女司机的这些话语中，男青年也体会到了对方对自己人格的尊重，以及对自己的失足发自内心的惋惜。试问，在这种真情面前，又有几人能够不为所动？于是，男青年放下了本不属于自己的钱，既表达了对女司机的尊重，也赢回了自己的尊严。

用平和的心去宽恕一个人的过错，这不仅仅要从心底里原谅他的错误，还要懂得用体谅和理解的话去感化他，用情感去打动他，这样才能够让他更好地认识到自己的错误，积极去改正。